Real[...]
y apli[...]
cómo [...]
se sie[...]
por a[...]
porqu[...]
al Salvador que Sharon y yo amamos.

Adrian Reynolds

Pastor, autor y Director Nacional Asociado,
Fellowship of Independent Evangelical Churches

Este libro contiene gran cantidad de sabiduría, ayuda y humor en tan poco espacio. Sharon hace un gran trabajo en mostrar que cuando entendemos el amor de Dios, este nos transforma para que seamos más parecidos a Jesús. Mientras lo leía, fui desafiado y me ayudó a ser más amoroso, alegre, paciente y gentil. ¡Pienso utilizar este libro con un nuevo cristiano esta semana!

Mike McKinley

Pastor principal, Sterling Park Baptist Church, Virginia

9Marks | Serie Primeros Pasos

CARÁCTER

¿CÓMO PUEDO CAMBIAR?

SHARON DICKENS
SERIE EDITADA POR MEZ MCCONNELL

Carácter: ¿Cómo puedo cambiar?

Copyright © 2022 por Sharon Dickens

Todos los derechos reservados.
Derechos internacionales registrados.

B&H Publishing Group
Nashville, TN 37234

Diseño de portada: Rubner Durais

Director editorial: Giancarlo Montemayor
Editor de proyectos: Joel Rosario
Coordinadora de proyectos: Cristina O'Shee

Clasificación Decimal Dewey: 248.84
Clasifíquese: VIDA CRISTIANA / CARÁCTER / DISCIPULADO

Ninguna parte de esta publicación puede ser reproducida ni distribuida de manera alguna ni por ningún medio electrónico o mecánico, incluidos el fotocopiado, la grabación y cualquier otro sistema de archivo y recuperación de datos, sin el consentimiento escrito del autor.

Las citas bíblicas marcadas RVR1960 se tomaron de la versión *Reina-Valera 1960* ® © 1960 por Sociedades Bíblicas en América Latina; © renovado 1988 Sociedades Bíblicas Unidas. Usadas con permiso. *Reina-Valera 1960* ® es una marca registrada de las Sociedades Bíblicas Unidas y puede ser usada solo bajo licencia.

A menos que se indique de otra manera, las citas bíblicas marcadas NVI se tomaron de La Santa Biblia, Nueva Versión Internacional®, © 1999 por Biblica, Inc. ®. Usadas con permiso. Todos los derechos reservados.

ISBN: 978-1-0877-4875-7

Impreso en EE. UU.
1 2 3 4 5 * 25 24 23 22

CONTENIDO

Prefacio 7
Introducción a la serie 9
Conoce a Jackie............................... 13

Capítulo 1. Todo lo que necesitamos
    es amor, ¿cierto? 17

Capítulo 2. Somos manojos de gozo,
    ¿cierto?................................ 29

Capítulo 3. Dale una oportunidad
    a la paz............................. 39

Capítulo 4. No empieces la casa por
    el tejado: Paciencia 49

Capítulo 5. Con miel se atrapan más
    moscas 59

Capítulo 6. Somos creados para
    la bondad.......................... 69

Capítulo 7. El amor hace que la fidelidad
    sea fácil, ¿cierto? 79

Capítulo 8. Ser humildes significa
que solo somos débiles, ¿cierto? 91

Capítulo 9. Hacer lo que es necesario
incluso cuando no quieres: Dominio
propio............................. 99

Conclusión 111

Prefacio

Las únicas veces que recuerdo haber asistido a una iglesia en familia han sido en las bodas. Incluso entonces, mi padre esperaba afuera hasta que hubiéramos terminado. De vez en cuando iba a una escuela bíblica dominical para niños donde aprendí algunas historias bíblicas. En la escuela teníamos una asamblea todos los viernes, himnos tradicionales (que ahora amo) y una bonita reflexión para ese día por parte del ministro local. Aprendí a recitar el Padre Nuestro de memoria; tuve que decirlo cada viernes durante siete años. Realmente no entendía nada de eso, solo era algo que teníamos que soportar sin reírnos y sin dejar que nos vieran hablando con los demás. Pasaron años antes de que alguien realmente me explicara el evangelio.

De recién convertida no tenía idea de cómo «ser un cristiano verdadero». Cuando era una cristiana joven parecía haber muchas voces y no todas me decían las cosas más útiles. Por esa razón, el libro *Voces* en esta serie es tan importante. Tuve que aprender cuál voz escuchar y cuál ignorar.

Era confuso, las personas me decían cómo se suponía que debía ser un cristiano. Había tanto que parecía importar: lo que vestía, la Biblia que utilizaba, la manera de hablar, las palabras que usaba, mi personalidad (ser aguerrida era definitivamente lo primero que tendría que cambiar). Todos tenían algo que decir sobre mi carácter. Me sentía como una pieza cuadrada en un agujero circular, y parecía que tenía que cambiar todo sobre mí. ¿Era esto realmente lo que Dios esperaba?

Afortunadamente, una mujer piadosa y madura llamada Marjory se puso de mi lado. Me ayudó a desentrañar lo que la Biblia dice en relación a estas cosas. Con el tiempo, me di cuenta de que la mayoría de las cosas que los cristianos me decían que eran elementos de un carácter piadoso, en realidad eran culturales y no bíblicas. Solo era la forma en la cual les gustaba que se viera un cristiano; como ellos. Me tomó mucho tiempo comprender que yo debía cumplir con el estándar establecido por Jesús, y no con una imagen idealista que algunos cristianos consideraban piadosa.

En este libro, espero, al igual que mi amiga Marjory hizo conmigo, ayudarte a descubrir lo que la Biblia dice acerca de un carácter piadoso: cuáles son los estándares de Jesús para tu vida.

SHARON DICKENS
Julio, 2019.

Introducción a la serie

La serie *Primeros pasos* ayudará a capacitar a las personas de un entorno no eclesiástico a dar los primeros pasos para seguir a Jesús. Llamamos a esto el «camino al servicio», ya que creemos que todo cristiano debería ser capacitado para servir a Cristo y a Su Iglesia sin importar sus antecedentes o experiencia.

Si eres líder en una iglesia, y ejerces el ministerio en lugares difíciles, utiliza estos libros como una herramienta para ayudar a que aquellos que no están familiarizados con las enseñanzas de Jesús se conviertan en nuevos discípulos. Estos libros los ayudarán a crecer en carácter, conocimiento y acción.

Si eres nuevo en la fe cristiana, y todavía luchas con entender qué es ser un cristiano, o lo que la Biblia realmente enseña, entonces esta es una guía fácil para dar tus primeros pasos como seguidor de Jesús.

Existen muchas maneras de utilizar estos libros.

- Pueden ser usados por una persona que simplemente lee el contenido y trabaja en las preguntas por sí misma.
- Pueden ser usados en un escenario individual, donde dos personas leen el material antes de reunirse y luego discuten juntas las preguntas.
- Pueden ser usados en un escenario de grupo, donde un líder presenta el material como una conversación, deteniéndose para tener una discusión de grupo durante la misma.

Tu escenario determinará la mejor manera de utilizar este recurso.

GUÍA DEL USUARIO

Mientras trabajas a través de los estudios, encontrarás las siguientes leyendas:

LA HISTORIA DE JACKIE: Al inicio de cada capítulo conocerás a Jackie y escucharás algo relacionado con su historia y lo que ha estado sucediendo en su vida. Queremos que tomes lo que hemos aprendido de la Biblia y descubras qué diferencia haría en la vida de Jackie. Así que, cada vez que veas este símbolo, escucharás algo más sobre la historia de Jackie.

ILUSTRACIÓN: A través de ejemplos y escenarios de la vida real, estas secciones nos ayudarán a entender los puntos a desarrollarse.

DETENTE: Cuando lleguemos a un punto importante o difícil, te pediremos que hagas una pausa, y pases un tiempo reflexionando o conversando sobre lo que acabamos de aprender.

LEE 3X: La Biblia es la Palabra de Dios para nosotros y, por lo tanto, es la palabra final para nosotros en todo lo que debemos creer y en la manera en que debemos actuar. Por ello, queremos leer la Biblia primero, y queremos leerla cuidadosamente. Así que, cada vez que veas esta leyenda, debes leer o escuchar el pasaje bíblico tres veces. Si la persona con la que estás leyendo la Biblia se siente cómoda, pídele que lo lea al menos una vez.

VERSÍCULO PARA MEMORIZAR: Al final de cada capítulo sugeriremos un versículo de la Biblia para memorizar. Hemos encontrado que la memorización de la Biblia es realmente efectiva en nuestro contexto. El versículo (o versículos) se relacionará directamente con lo que hemos abordado en el capítulo.

RESUMEN: Asimismo, al final de cada capítulo hemos incluido un breve resumen del contenido de ese capítulo. Si estás estudiando el libro con otra persona, puede ser útil que revises esta sección para recordar lo estudiado la semana anterior.

Conoce a Jackie

Jackie es una madre soltera de tres hijos. Está en sus treinta y tantos y ha vivido en viviendas protegidas por el gobierno de Glasgow toda su vida. Estuvo con su pareja, Frank, durante diez años, pero hace seis meses él la dejó. Jackie tiene tres niños: Jake (11), quien tiene un papá distinto al de Billee-Jean (8) y el pequeño Frankie (3). Su hijo mayor, Jake, no conoce a su verdadero padre, ya que éste huyó cuando descubrió que Jackie estaba embarazada. De hecho, Jake ve a Frank como su papá. Frank nunca lo trató de manera diferente a sus dos hijos. Frank ha intentado ver a los niños, pero cuando sí pueden verlo, el encuentro generalmente se convierte en una pelea de gritos entre él y Jackie por dinero y el régimen de visita. A Jackie le ha costado criar a los niños y enfrentar la vida desde que Frank la abandonó. Está cansada todo el tiempo, harta de intentar constantemente llegar a fin de mes y siente la presión de tener que tomar siempre las decisiones. Quiere que su vida cambie, pero simplemente no sabe cómo va a suceder eso.

LA VIDA AHORA

Jackie conoció por primera vez el mensaje de Cristo en la escuela dominical cuando era una niña, pero su vida tomó un rumbo diferente durante su adolescencia. Apareció en un culto de villancicos navideños luego de recibir una invitación en la puerta. Después de eso, comenzó a asistir prácticamente a todos los cultos dominicales. No pasó mucho tiempo antes de que aceptara las buenas nuevas de Jesús, pusiera su fe en Su obra culminada y le pidiera que viniera y cambiara su estropeada vida.

Pero hay un problema: desde entonces, su vida no parece haber cambiado mucho de lunes a sábado. Pelea con sus vecinos (demasiado ruido por las noches), siempre se mete en problemas en Facebook (su familia es molesta y a menudo hipócrita) y los servicios sociales siempre la vigilan a ella y a los niños. Si le preguntas, dirá que es cristiana, pero reconoce que su vida no está a la altura de su profesión de fe. Desea cambiar, pero no está realmente segura de poder cambiar de verdad ni por dónde empezar. Se siente desesperanzada, especialmente cuando observa a algunas mujeres de la iglesia, todas le parecen tan perfectas.

Esta es la historia de Jackie...

¿CUÁL ES EL PUNTO?

Los cristianos deben crecer en amor.

CAPÍTULO 1

Todo lo que necesitamos es amor, ¿cierto?

Un día, sentada en la cafetería observando a la gente, escuché a una pareja almorzando. Era difícil pasar por alto que estaban juntos, los suéteres a juego gritaban de forma espeluznante: «somos pareja», pero no era la única similitud. Cuando miré más de cerca, realmente se parecían. Es raro, cierto, ¿pero has notado que mientras más tiempo pasas con alguien que te gusta, más pareces asumir algunas de sus características y gestos? Comienza con una palabra rara aquí y allá, y antes de saberlo, estás terminando sus oraciones y coordinando sus atuendos. Somos influenciados y cambiados por nuestro tiempo con aquellos a quienes amamos. Debería ser lo mismo para nosotros como cristianos.

A medida que pasamos tiempo con Dios y maduramos, deberíamos ser influenciados por Él y ser cada vez más como Jesús.

Es un poco extraño hacernos a la idea, pero como cristianos, en realidad tenemos al Espíritu de Dios, el

Espíritu Santo, viviendo en nosotros. Ahora bien, el sentido común nos dice que si Él vive en nosotros, debería haber alguna evidencia de eso en nuestras vidas. Él está obligado a influenciarnos. No estoy hablando de una influencia superficial como de repente tener un profundo deseo de usar una camisa a cuadros, cargar una gran Biblia y usar un brazalete WWJD (¿Qué haría Jesús?, por sus siglas en inglés) en tu muñeca izquierda... *moda cristiana*. ¡Me refiero a nuestro carácter! Tener al Espíritu morando en nosotros debe tener un impacto en nuestro carácter, y deberíamos ver evidencia de eso en nuestras vidas.

«Yo amo a los que me aman, y me hallan los que temprano me buscan. Las riquezas y la honra están conmigo; riquezas duraderas, y justicia. Mejor es mi fruto que el oro, y que el oro refinado; y mi rédito mejor que la plata escogida. Por vereda de justicia guiaré, por en medio de sendas de juicio, para hacer que los que me aman tengan su heredad, y que yo llene sus tesoros» (Prov. 8:17-21).

A veces las personas describen la evidencia de la presencia de Dios en nuestras vidas como «fruto». Así como mi querida madre ve la evidencia de un saludable manzano en la cosecha de manzanas jugosas que recoge de su jardín, nosotros esperaríamos que todo cristiano crezca y produzca «fruto» en su vida.

En este libro vamos a mirar el «fruto» que debe ser evidente en nuestras vidas como cristianos: el fruto del Espíritu.

DETENTE

¿Crees que todos los frutos que vemos en nuestra vida son buenos frutos?

*«Mas el fruto del Espíritu es **amor**, gozo, paz, paciencia, benignidad, bondad, fe, mansedumbre, templanza; contra tales cosas no hay ley»* (Gál. 5:22-23).

¿Alguna vez viste la tira cómica de un hombre y una mujer con hojas de higuera con la leyenda: «El amor es...»? El amor es nunca tener que decir que lo sientes, el amor es siempre tener a alguien con quien tomarte de las manos, el amor es decir te amo en momentos inesperados, el amor alivia todas tus preocupaciones... *¡¿En serio?!* Cuando pensamos en el amor, muchos de nosotros pensamos en el romance, en todos los corazones y las flores. Es esa sensación de mariposas en el estómago, cuando alguien te ve desde el otro lado de la habitación (¡y no estoy hablando de indigestión!). Creemos que el amor es solo pasión y sexo. Nuestra idea del amor proviene de las películas, la televisión, los cuentos de hadas, etc. En las películas oímos la música dramática cuando el chico se inclina para dar el primer beso perfecto que dura justo lo suficiente para no ser raro. No chocan torpemente sus narices ni se ponen de puntillas mientras se mueven, y estoy segura de que su aliento huele a menta fresca. Después de todo, es perfecto; es *amor*. ¿Es eso lo que es el amor?

Pero todos sabemos que la vida real no es como las películas. El primer beso no estuvo rodeado de música, y seis meses después de que dijeras «acepto», te das cuenta de que las cosas que creías que eran hábitos adorables son simplemente molestos. Así como Cenicienta se dio cuenta después de casarse con el Príncipe Azul que «felices por siempre» significaba recoger su ropa interior del suelo del baño como todos los demás. La persona con la que te casaste no parece la misma, cuando eran novios no se cansaba de complacerte, pero ahora que están casados, la historia es diferente. No es como lo planeaste, y entonces te preguntas: ¿esto es amor?

¿Realmente entendemos qué es el amor?

JACKIE

Jackie conoció a Frank una noche cuando estaba en casa de su amiga, Aggie, para tomar una taza de té. No se veía exactamente fabulosa sentada en pijama con su cabello recogido, pero Frank y ella se llevaron bien de inmediato. Él era divertido. Nunca salieron en una cita ni nada, pero después de que se apareciera para tomar una taza de té la noche siguiente, dio la impresión de que jamás se marchó. Pasaron semanas antes de que dijera: «¡Te amo, nena!».

DETENTE

¿Qué crees que es el «*amor*»?

Si realmente queremos entender qué es el amor, tenemos que mirar el amor de Dios. Al comprender el amor de Dios, entenderemos cómo debemos amarnos realmente. Si miramos 1 Juan 4:7-12, veremos cómo es el amor de Dios.

«*Amados, amémonos unos a otros; porque el amor es de Dios. Todo aquel que ama, es nacido de Dios, y conoce a Dios. El que no ama, no ha conocido a Dios; porque Dios es amor. En esto se mostró el amor de Dios para con nosotros, en que Dios envió a su Hijo unigénito al mundo, para que vivamos por él. En esto consiste el amor: no en que nosotros hayamos amado a Dios, sino en que él nos amó a nosotros, y envió a su Hijo en propiciación por nuestros pecados. Amados, si Dios nos ha amado así, debemos también nosotros amarnos unos a otros. Nadie ha visto jamás a Dios. Si nos amamos unos a otros, Dios permanece en nosotros, y su amor se ha perfeccionado en nosotros*» (1 Jn. 4:7-12).

Lo primero en lo que debemos enfocarnos es que el amor es sacrificial. Ahora, la verdad es que eso no nos va a gustar porque, en el fondo de todos nosotros, se encuentra el monstruo egoísta del «yo». Si somos sinceros, así no es como vemos el amor, ¿cierto? Para muchos de nosotros, el amor se trata de obtener algo que queremos, no de sacrificar nada. Sin embargo, podemos ver claramente en el versículo 9 que Dios muestra Su amor por nosotros al enviar a Su único Hijo para que podamos amarnos los unos a los otros y a Él de la forma en que se supone que debemos hacerlo, a través de Él. Cuando pensamos en eso un poco más, vemos que en el centro del amor de Dios hay sacrificio. Él renuncia a Su Hijo; es absolutamente costoso. El amor cuesta, siempre implica que nos entreguemos a otra persona. Eso choca contra el pequeño monstruo egoísta del «yo», que le encanta salirse con la suya. Debemos ser menos egoístas y más abnegados. Entonces, ¿cómo se ve esto?

ILUSTRACIÓN

Jackie se bajó del autobús y comenzó a caminar penosamente. Estaba lloviendo fuertemente. «¡PERFECTO!», pensó. Estaba agotada, una mujer que estaba delante de ella en la fila tuvo un enfrentamiento con la trabajadora de la tienda, y al final tuvieron que llamar a la policía. Tardó siglos, si no hubiera necesitado desesperadamente pagar el gas y la electricidad, se habría ido. Había sido un día completamente terrible, tuvo otra discusión con Frank, estaba empapada, el asa de la bolsa de compras se rompió, esa mujer la hizo llegar tarde para recoger a los niños y todo el camino a casa los niños estuvieron gritándose entre sí. Tenía un fuerte dolor de cabeza y el día todavía no acababa. Estaba furiosa con Frank: «Lo único que hace es utilizar sus juegos mentales». Su cerebro daba vueltas mientras repasaba una y otra vez los mensajes de ayer, volviéndolos a leer varias veces. «Un día me escribe diciéndome que soy la única mujer que realmente ha amado y cómo ha cometido un gran error, ¡y luego lo veo encima de Mary afuera de la tienda! Voy a romperle la cara cuando la vea», los pensamientos de Jackie galopaban. «Como si no supiera lo que vi, no puedo creer que tenga el descaro de decirme que solo estaba conversando con ella, ¡como si todo estuviera en mi mente! Ya aprenderá, veremos cuán arrogante es cuando no pueda ver a los niños esta semana, eso le borrará la sonrisa del rostro. Es un necio y ya estoy completamente harta de él». Estuvo enfurecida todo el camino. Entró por la puerta, encendió la televisión, le dio a Jake algo de dinero para ordenar comida y se fue directo a su cama.

Quizás todas las mujeres que leen esta ilustración están odiando completamente a Frank en este momento, y todos los hombres están hablando de lo psicópata que es Jackie y de lo bien que hizo Frank en deshacerse de ella, pero las cosas nunca son así de claras. La vida y la verdad suelen ser mucho más complicadas que el fragmento que vemos aquí. Jackie afirma ser cristiana, sin embargo, esto debería tener un impacto en la manera en que enfrenta las cosas.

DETENTE

Jackie profesa a Cristo, ¿pero eso significa que simplemente debe darse la vuelta y aceptar las tonterías de Frank? ¿Cómo crees que Jackie debería haber respondido? ¿Qué tan bien está amando a Frank y a los niños?

«Nada hagáis por contienda o por vanagloria; antes bien con humildad, estimando cada uno a los demás como superiores a él mismo; no mirando cada uno por lo suyo propio, sino cada cual también por lo de los otros» (Fil. 2:3-4).

DETENTE

Piensa en las personas en tu vida. Ahora, ¿con qué frecuencia tu amor es autocomplaciente y egoísta? Comparte un ejemplo.

Mezclamos lo que pensamos sobre el amor con un poco de verdad, mucho egoísmo y malos hábitos que hemos recogido en el camino. Nos convencemos de que esto es «amor».

Lo torcemos a nuestra manera. Nuestra concepción errónea afecta la forma en la cual amamos a quienes nos rodean.

Vemos esto en el caso de una madre que nunca le dice «no» a su hijo porque piensa que de esa manera demuestra el amor, o en el caso de un esposo que controla a su mujer porque piensa que así la protege.

En realidad hay miles de ejemplos de cómo hemos distorsionado lo que es el amor. Sin importar cuánto nos mintamos a nosotros mismos, si realmente somos sinceros, a largo plazo nuestra versión del amor no es tan provechosa para aquellos que nos importan.

Para entender cómo es el amor verdadero, debemos mirar lo que la Biblia dice y pensar en el amor de Dios. **El amor forma parte de Su ser y Su carácter**. Al reflexionar sobre el amor de Dios, sobre lo que realmente es el amor, aprenderemos cómo amar a los demás correctamente.

Veamos más a detalle estos versículos de 1 Juan 4.

«*En esto se mostró el amor de Dios para con nosotros, en que Dios envió a su Hijo unigénito al mundo, para que vivamos por él. En esto consiste el amor: no en que nosotros hayamos amado a Dios, sino en que él nos amó a nosotros, y envió a su Hijo en propiciación por nuestros pecados*» (1 Jn. 4:9-10).

Lo señalé anteriormente, pero lo reitero, no podemos perder de vista lo que dice el versículo 9. Dios muestra Su amor para con nosotros al enviar a Su Hijo al mundo para que podamos ser salvos por medio de Él.

En su epicentro, vemos que el amor de Dios es sacrificial, abnegado y costoso.

Es alucinante cuando pensamos en ello.

Ni siquiera nos gusta ceder nuestro lugar en la fila del supermercado a la anciana detrás de nosotros que solo tiene tres productos en su cesta de compras, mucho menos hacer un sacrificio *verdaderamente* costoso.

Piensa en esto: por la eternidad, el Padre, el Hijo y el Espíritu Santo han estado juntos en perfecto amor. Piensa en la pérdida que debieron haber sentido cuando Dios envió a Su único Hijo al mundo por nosotros. Sé que las tarjetas de Navidad lucen todas encantadoras y que nuestras tarjetas de Pascua son una versión apta para todo público de lo que realmente sucedió, pero la verdad que vemos en la Biblia es muy diferente. Jesús vino a salvar a un pueblo que:

> realmente no lo quiso,
>   no fue tan agradecido,
>   lo despreció,
>   lo rechazó,
>   lo humilló
>   y finalmente, después de una brutal paliza, lo crucificó.

Sin embargo, Dios lo envió y Jesús obedeció. ¡Eso es amor, es un GRAN AMOR SACRIFICIAL! Lo que vemos que Jesús hace en la cruz es morir por los pecados de Sus enemigos. Romanos 5:8 dice: «Mas Dios muestra su amor para con nosotros, en que siendo aún pecadores, Cristo murió por nosotros». Eso es como una bofetada para todos nosotros a los que nos cuesta amar a aquellos que realmente nos importan, y mucho más a nuestros enemigos. Ahora, eso es ir demasiado lejos, te oigo decir:

«Es mucho pedir amar de esa manera». Pero así es la manera en que Dios nos ha amado.

Jesús hizo el mayor de los sacrificios al pagar el precio que debíamos por nuestro pecado. Él apaciguó la ira de Dios y la alejó de nosotros. ¿Por qué? ¿Por qué alguien haría esto por nosotros, y más alguien que es Dios? Porque nos ama. Su amor nos muestra verdaderamente lo que es el amor. Es sacrificial y costoso.

> **DETENTE**
>
> ¿Qué piensas del precio que Dios pagó por ti? ¿Crees que fue un costo demasiado alto?

Esto debe impactar nuestras vidas. Comenzamos este capítulo reflexionando sobre el amor de Dios para poder entenderlo mejor y amar mejor. 1 Juan 4:11 dice: «Amados, si Dios nos ha amado así, debemos también nosotros amarnos unos a otros». Cuando entendemos el amor de Dios, debemos hacer una pausa y meditar en la forma en la cual mostramos esa clase de amor a los demás. El amor no es solo una palabra dulce, es algo real y activo. Es posible que incluso tengamos que amar a personas que nos parecen totalmente molestas y difíciles (incluida aquella persona desagradable que te irrita, ¡sabes de quién estoy hablando!).

> **DETENTE**
>
> ¿Cómo se supone que debes amar a aquellos que te vuelven loco?

Si somos sinceros, cuando se trata de aquellos que nos vuelven locos, el problema en nuestro carácter que nos roe, es algo que con mucha frecuencia es demasiado evidente en nuestras vidas. En nuestras mentes, podríamos estar juzgándolos por ser arrogantes, pero si echamos un vistazo a nuestros propios corazones, es probable que nosotros seamos bastante arrogantes también. Por lo general, el problema somos nosotros. El poderoso monstruo del «YO» ha resucitado y está suelto de nuevo. Debemos tratar con nuestras propias actitudes pecaminosas en primer lugar.

Tenemos que reconocer que el amor es a menudo una decisión.

Sé que suena raro, pero debemos escoger amar a los demás a la luz de lo que Cristo hizo por nosotros. Su amor fue costoso y nosotros también tenemos que amar sacrificialmente. No siendo interesados, al igual que Frank en la ilustración anterior, sino desinteresados. Si Frank realmente no fuera egoísta, estaría ayudando a su esposa a limpiar y ordenar todos los días y no solo cuando quiera pedirle algo. Imagina el impacto que eso tendría en su esposa, su matrimonio y su familia.

> **DETENTE**
>
> ¿Cuál es tu peor escenario? ¿Qué es lo único que no estarías dispuesto a hacer?

Debemos retomar la compostura y arreglar nuestro corazón que ama la comodidad, se sirve a sí mismo y es egoísta, al admirar la obra de Cristo por nosotros en la cruz. Cuando aprendamos a amar como Jesús, nos dice 1 Juan 4 que el amor de Dios se mostrará al mundo a través de nosotros. La gente podrá ver la diferencia y esto les comunicará algo a los demás. Es una de las maneras en que testificamos que Dios es real en nuestras vidas; compartimos un poco lo que Dios es, por medio de la manera en que amamos a los demás.

En este libro estamos reflexionando sobre la manera en que Dios se hace evidente en nuestras vidas. Jesús dice que el mundo conocerá que somos Sus discípulos por la forma en la que nos amamos los unos a los otros. ¿Verían amor verdadero si dieran un vistazo a nuestras vidas? ¿Qué necesitamos cambiar para lograr que esto sea más evidente a quienes nos rodean?

PUNTO CLAVE

El amor es... entregarnos sacrificialmente para el beneficio de los demás, así como Cristo lo hizo por nosotros.

VERSÍCULO PARA MEMORIZAR

«En esto consiste el amor: no en que nosotros hayamos amado a Dios, sino en que él nos amó a nosotros, y envió a su Hijo en propiciación por nuestros pecados. Amados, si Dios nos ha amado así, debemos también nosotros amarnos unos a otros» (1 Jn. 4:10-11).

RESUMEN

Tenemos una idea equivocada acerca del amor. La mayoría de las veces pensamos que se trata de nuestros sentimientos o incluso del romance. Pero el amor verdadero no es exactamente lo que pensamos. Jesús ejemplificó el amor verdadero cuando murió sacrificialmente por nosotros. Debemos mirar a Cristo como nuestro modelo y, al igual que Él, amar sacrificialmente a las personas en lugar de preocuparnos por nosotros mismos.

¿CUÁL ES EL PUNTO?

Los cristianos deben crecer en gozo.

CAPÍTULO 2

Somos manojos de gozo, ¿cierto?

«El gozo es el asunto importante del cielo» —C. S. Lewis.

*«Mas el fruto del Espíritu es amor, **gozo**, paz, paciencia, benignidad, bondad, fe, mansedumbre, templanza; contra tales cosas no hay ley»* (Gál. 5:22-23).

La semana pasada estaba escuchando un programa en la radio que hablaba acerca de los problemas de salud mental en los jóvenes. Indicaba que una cuarta parte de todos los problemas de salud mental comienzan en la niñez. Tengo que admitir que eso me asustó un poco, así que hice lo que todo el mundo hace cuando no cree algo: lo busqué en Google. Después de una búsqueda rápida, encontré un artículo que decía que los hijos de padres deprimidos tienen un riesgo del 50% de desarrollar depresión antes de los veinte años. Esto no mejoraba mientras seguía buscando.

Pero luego me di cuenta de que realmente no estaba tan sorprendida. Veo la realidad de esto todos los días, y es triste. La vida es dura, la gente se deprime, se pone ansiosa, pierde la esperanza y se estresa. Sus sueños son aplastados y luchan seriamente. Para algunos, estos sentimientos parecen ser tan abrumadores que los consumen y sienten que simplemente no hay salida. Otros batallan y tratan de lidiar con eso. ¿Pero cómo lo hacen, y qué es lo que verdaderamente quieren?

Si le preguntas a la mayoría de las personas qué quieren, en el fondo su respuesta sería: «Ser feliz». De hecho, si a la mayoría de los que tenemos hijos se nos hiciera la misma pregunta, diríamos, sin pestañear, lo mismo: «Queremos que nuestros hijos sean felices». Solo tenemos que hojear las revistas y ver la televisión durante cinco minutos para ver cómo los publicistas se aprovechan de esto, todo lo que te venden te hará feliz, y es justo la respuesta que estás buscando. Nos dicen que las próximas vacaciones, un nuevo sofá para Navidad, perder 20 kilos, los nuevos zapatos deportivos, tener dientes blancos, un tratamiento ocular con láser, una televisión más grande, el nuevo cereal para desayunar que nos hará ir dando saltos por el camino mientras cantamos o ese nuevo dispositivo imprescindible es justo lo que necesitamos para estar satisfechos y felices.

JACKIE

Jackie pasaba demasiado tiempo preocupándose por lo que todos pensaban de ella y los niños. Nunca parecía tener el dinero suficiente, pero siempre se aseguraba de que los niños recibieran lo que querían y tuvieran lo mejor en ropa y aparatos electrónicos. Cada vez que compraba algo nuevo, Frank se alegraba porque era una experta en cazar ofertas; siempre parecía estar en el lugar correcto. «Amo a mis hijos, ellos deben tener lo que quieren».

Todos sabemos que estas cosas temporales nos hacen *felices* por un momento, pero también sabemos que son pasajeras y que no durarán. Lamentablemente, muchas vidas están llenas de profunda tristeza, pero de nada que verdaderamente se parezca a la felicidad. Existe un gran vacío y nada de gozo. El mundo y sus cosas pueden brindar un alivio temporal, pero no llegan al fondo del asunto. Solo cuando empecemos a reflexionar sobre lo que la Biblia dice acerca de lo que es la alegría o el gozo, comenzaremos a entender. La Biblia nos muestra que al buscar soluciones de felicidad temporal, estamos corriendo tras el viento y persiguiendo las cosas equivocadas.

«Miré yo luego todas las obras que habían hecho mis manos, y el trabajo que tomé para hacerlas; y he aquí, todo era vanidad y aflicción de espíritu, y sin provecho debajo del sol» (Ecl. 2:11).

Como hemos estado aprendiendo, tener a Dios en nuestras vidas debe cambiar lo que somos y lo que las personas ven. La evidencia es el fruto en nuestras vidas. Gálatas 5:22-23 nos dice que debemos tener gozo.

La Biblia deja claro que, como cristianos, el gozo debe ser evidente en nuestras vidas, debería ser normal para nosotros.

Se supone que es una realidad de nuestra fe en Cristo. ¿Pero cómo funciona eso cuando todo a nuestro alrededor está derrumbándose? Sé que es difícil de entender, pero incluso cuando la vida nos está tratando mal deberíamos poder sentir gozo. Esto puede sonar raro y contradictorio, pero tal vez como con el «amor», realmente no entendemos lo que la Biblia quiere decir cuando trata del gozo o de la alegría.

> **DETENTE**
> ¿Crees que el gozo es diferente a la felicidad?

Confundimos felicidad con el gozo todo el tiempo porque parecen similares. Pero, como dije, la felicidad se basa en nuestras circunstancias temporales. Como cuando nuestro equipo anota un gol, cuando obtenemos un aumento salarial en el trabajo, cuando encontramos dinero en la calle, cuando nos piden salir en una cita, cuando recibimos la noticia de que nuestra amiga tuvo un bebé o cuando nos alocamos un poco y teñimos nuestro cabello de rosa y se ve bien. Nuestra felicidad se basa en las cosas que nos rodean. Todo puede cambiar con el próximo gol del equipo contrario, una carta de despido, una ruptura o un mal corte de cabello... De repente, estamos abatidos y la felicidad parece cosa del pasado.

Pero el gozo no es así. Es diferente.

La alegría, o el verdadero gozo bíblico, no es un sentimiento; no se mueve ni cambia sin importar lo que la vida nos arroje. El gozo perdura.

JACKIE
No entiendo cómo es eso posible. ¿Qué es el gozo entonces?

El gozo es deleitarse en Dios sin importar las circunstancias.

El gozo bíblico es constante y perdura porque no se basa en lo que sucede a nuestro alrededor ni en cómo nos sentimos ese día. En cambio, se encuentra en Dios y Él nunca cambia. Cuando definimos qué es el gozo bíblico, debemos mirar más allá de las cosas temporales y llegar al fondo del asunto. Nuestros corazones, nuestras mentes y todo nuestro ser han sido transformados por el evangelio. Como dijimos antes, el fruto del gozo debe estar en nuestras vidas como evidencia de nuestra transformación en Cristo y de nuestra salvación.

«A quien amáis sin haberle visto, en quien creyendo, aunque ahora no lo veáis, os alegráis con gozo inefable y glorioso» (1 Ped. 1:8).

Pedro lo describe como un gozo indescriptible y glorioso. Si soy sincera, cuando vemos a algunos cristianos hoy, no parece que estén llenos de un gozo indescriptible y glorioso. Lucen sombríos, como si acabaran de perder mucho dinero o les hubiesen dado una bofetada con un pescado fresco. A veces pienso que hay personas que en realidad parecen alegrarse de ser quejumbrosos con cara rezongona. Tienen un aspecto austero, arisco y severo que podría enfriar hasta una taza de té. No es el mejor testimonio. ¿Por qué atraería esto a alguien a Cristo?

Si falta el gozo bíblico en la vida de un cristiano, entonces dicha carencia es como una alarma espiritual que se activa, gritando: «¡Algo está mal!». Comprende bien este punto, no digo que debemos fingir. Poner una gran sonrisa en el rostro y decirles a todos: «Estoy bien», cuando nuestro mundo se está derrumbando a pedazos, tampoco ayuda.

Sin importar las circunstancias en la vida del cristiano, debe haber gozo en el evangelio de Cristo.

Si falta el gozo, debe haber una razón.

Preguntaría: «¿Cómo está tu tiempo devocional?; ¿estás descuidando a Dios?; ¿estás leyendo y meditando en Su Palabra?; ¿estás orando?; ¿hay alguna desobediencia o algún pecado impenitente?; ¿qué te está pidiendo Dios que hagas o de qué te redarguye, que estás ignorando?».

> **DETENTE**
>
> ¿Sientes que quieres rendirte? ¿Está sonando «la alarma de la falta de gozo» en tus oídos? Pregúntate: ¿Por qué? ¿Por qué me falta el gozo?

Créeme, no importa lo que esté sucediendo y cómo nos esté tratando la vida, hay algo que permanece igual, inmutable: el evangelio. Si somos verdaderos seguidores de Cristo entonces somos perdonados y nuestra salvación es sólida, y eso debe llenar de gozo nuestros corazones.

ILUSTRACIÓN

Había una vez un hombre llamado Horatio Spafford. Él vivió hace muchos años. Si estuviéramos escribiendo un guion para una película trágica, podríamos usar su vida como trama. Le sucedieron muchas cosas. Su hijo falleció a los dos años, perdió todo su dinero y quedó en bancarrota por el gran incendio de Chicago. Poco después del incendio, decidió que él y su familia visitarían a sus amigos en Inglaterra. Les reservó a todos pasajes en un barco llamado *Ville Du Havre,* pero en el último minuto, los negocios lo retrasaron y envió a su familia sin él. Durante el viaje hubo una devastadora colisión entre dos botes y ambos se hundieron rápidamente. Fue una masacre. Su esposa fue la única sobreviviente.

Todo esto suena como algo que encontraríamos en el Libro de Job del Antiguo Testamento.

¿Quién podría siquiera imaginar cómo se sintió Horatio? ¿Cómo afrontaríamos algo así? Sin embargo, mientras navegaba para reunirse con su esposa, cruzando el océano que había acabado con la vida de sus hijos, escribió la canción «It Is Well With My Soul» (Estoy bien con mi Dios). Encontró su gozo en el evangelio de Cristo y se deleitó en Dios, **sin importar nada más.**

JACKIE

Me pongo quejumbrosa y creo que el mundo ha llegado a su fin si nos quedamos sin leche y no puedo tomar una taza de té. No me imagino tener que enfrentar algo como lo que le pasó a este hombre. Quedaría devastada si algo les sucediera a mis hijos. Recuerdo cuando el pequeño Frankie se cayó de las escaleras y se rompió la pierna, fui completamente inútil; Frank tuvo que llevarlo al hospital sin mí. No entiendo cómo este hombre puede encontrar gozo cuando su familia acaba de morir. Eso tiene que estar mal, ¡es imposible!

«Justificados, pues, por la fe, tenemos paz para con Dios por medio de nuestro Señor Jesucristo; por quien también tenemos entrada por la fe a esta gracia en la cual estamos firmes, y nos gloriamos en la esperanza de la gloria de Dios. Y no sólo esto, sino que también nos gloriamos en las tribulaciones, sabiendo que la tribulación produce paciencia; y la paciencia, prueba; y la prueba, esperanza; y la esperanza no avergüenza; porque el amor de Dios ha sido derramado en nuestros corazones por el Espíritu Santo que nos fue dado» (Rom. 5:1-5).

En la epístola a los Romanos, vemos la reacción de Pablo cuando todo lo que esta vida podía reunir en su contra fue arrojado a su cara. Fue golpeado y echado en la cárcel, naufragó, hubo días en los que no tuvo suficiente comida para alimentarse, fue rechazado por su propio pueblo y luchó con problemas de salud. Básicamente, en la escala de «la vida apesta», ¡Pablo estaba en un lugar peor que la mayoría! No obstante, cuando escribió Romanos 5, vemos que se regocija, se goza en Dios sin importar lo que le estaba sucediendo. Pablo daba constantemente gracias por el evangelio. Sabía que nadie podía quitarle su salvación, que era 100% perdonado y eso alimentaba su gozo. Sabía que Dios tenía el control y eso era suficiente para él; confiaba totalmente en Él. Su esperanza estaba en Jesús.

DETENTE

¿Podemos decir lo mismo? ¿Qué crees que eso significa para nosotros mientras vivimos cada día?

Convertirse en cristiano no es como una versión del genio mágico de la religión. No podemos decir algo tres veces, frotar nuestras manos y hacer que todo desaparezca. Sin embargo, lo que podemos hacer cuando los días oscuros vengan, es recordar las promesas que tenemos en Cristo y predicarnos el evangelio. Podemos recordarnos que las promesas de Dios son verdaderas y confiar en Él.

¡Aférrate a Él y no pierdas la esperanza!

Sin importar lo que esté sucediendo, sin importar lo que la vida te arroje.

Por abrumador y devastador que sea, aún puedes encontrar descanso en Cristo. Es posible que incluso sientas que su peso te está aplastando, pero aún puedes encontrar verdadero gozo en Él. Él nos sostendrá. Podemos confiar en Él.

«Por tanto, no desmayamos; antes aunque este nuestro hombre exterior se va desgastando, el interior no obstante se renueva de día en día. Porque esta leve tribulación momentánea produce en nosotros un cada vez más excelente y eterno peso de gloria» (2 Cor. 4:16-18).

No debemos olvidar lo que está por venir: la eternidad con el Dios que nos salvó. Podemos poner nuestra esperanza en cosas temporales que nos hacen felices por cinco minutos, pero en el fondo sabemos que son pasajeras. En 2 Corintios, vemos que las cosas temporales no se comparan ni remotamente con la gloria que está por venir en la eternidad. Podemos estar rotos, maltratados y golpeados por la vida, pero esta vida solo es algo temporal.

> **DETENTE**
>
> ¿Por qué luchas con encontrar el gozo verdadero en tu vida? ¿Cómo puedes aferrarte más a Cristo?

Pase lo que pase, podemos encontrar nuestro gozo en el evangelio de Cristo y deleitarnos en Él. Cuando lo hacemos, también podemos cantar genuinamente: «Estoy bien con mi Dios».

PUNTO CLAVE

Encontramos nuestro gozo cuando nos deleitamos en Dios, sin importar lo que pase. Recuerda la esperanza que tenemos en Cristo y aférrate a Él. No pierdas la esperanza.

VERSÍCULO PARA MEMORIZAR

«Bendito el Dios y Padre de nuestro Señor Jesucristo, que según su grande misericordia nos hizo renacer para una esperanza viva, por la resurrección de Jesucristo de los muertos, para una herencia incorruptible, incontaminada e inmarcesible, reservada en los cielos para vosotros» (1 Ped. 1:3-4).

O...

«Y yo Juan vi la santa ciudad, la nueva Jerusalén, descender del cielo, de Dios, dispuesta como una esposa ataviada para su marido. Y oí una gran voz del cielo que decía: He aquí el tabernáculo de Dios con los hombres, y él morará con ellos; y ellos serán su pueblo, y Dios mismo estará con ellos como su Dios. Enjugará Dios toda lágrima de los ojos de ellos; y ya no habrá muerte, ni habrá más llanto, ni clamor, ni dolor; porque las primeras cosas pasaron» (Apoc. 21:2-4).

RESUMEN

Con mucha frecuencia confundimos la felicidad y el gozo porque son muy similares. La felicidad se basa en cosas temporales, como las circunstancias de la vida. De modo que, cuando pasan cosas buenas, estamos felices, pero cuando el desastre cae sobre nosotros, nos aplasta. A diferencia de la felicidad, la alegría o el gozo es algo que no cambia dependiendo de las circunstancias. El gozo bíblico perdura cuando nos deleitamos en Dios sin importar lo que esté sucediendo a nuestro alrededor.

¿CUÁL ES EL PUNTO?

Los cristianos deben crecer en paz.

CAPÍTULO 3

Dale una oportunidad a la paz

*«Mas el fruto del Espíritu es amor, gozo, **paz**, paciencia, benignidad, bondad, fe, mansedumbre, templanza; contra tales cosas no hay ley»* (Gál. 5:22-23).

JACKIE

La semana pasada caminando a casa y pasando por el parque, vi a Jackie arrastrando a uno de sus hijos detrás de ella. Estaba bastante estresada. Se notaba, incluso de lejos, que todo su cuerpo estaba lleno de ira. Le gritó a su amiga que caminaba por la calle, y luego la imagen se volvió más clara: había perdido a su pequeña niña, Billee-Jean. Me sentí tan mal por ella. Todos los que tienen hijos conocen ese sentimiento; el miedo, el pavor, la ansiedad, todo te abruma mientras escaneas cada centímetro del lugar esperando encontrar la silueta familiar de tu hijo. Luego sonó su celular y sin siquiera hacer una pausa, gritó por el teléfono. Era la pequeña BJ, Jackie le estaba gritando. Había pasado del pánico ciego a la ira ciega en una milésima de segundo; estaba gritando y arrastrando al pequeño Frankie tras ella en la otra dirección. No me gustaría estar en los zapatos de BJ cuando llegara a casa.

Muchos de nosotros somos alimentados por la ira. Estamos legítimamente enojados con alguien o algo. Por ejemplo, los niños nos vuelven locos, el trabajador social recortó nuestros beneficios, los amigos en Facebook nos tienen hartos, un conductor se nos atravesó en el tráfico, etc. La lista es infinita. A veces pareciera que la mayoría de las personas andan con un bajo nivel de enojo zumbando a su alrededor y realmente no pasa mucho tiempo antes de que pierdan el control por la más mínima molestia. Siendo volátiles y peligrosos, los individuos están agobiados y exhaustos por el torrente de emociones que se desata en su interior.

Para muchos de nosotros, la paz parece una fantasía, algo que nunca vamos a conseguir en nuestra vida. Si buscamos en Google «paz», examinamos revistas, miramos libros en Amazon o incluso buscamos los anuncios de televisión correctos, todos están llenos de consejos y guías sobre «cómo» encontrar la paz interior. Parece que todo el mundo está en la búsqueda de la tranquilidad. ¿Pero están todos buscando lo mismo? Algunos piensan que la paz es no tener una discusión durante cinco minutos, o no gritarle a la recepcionista del doctor. Otros piensan que la paz es no tener dificultades en la vida, no tener problemas o preocupaciones, o que no haya guerra en el mundo. Entonces, ¿qué es la paz?

> **DETENTE**
> Si te preguntara, ¿qué dirías que es la paz?

Me encanta la escena en la película *Miss Simpatía* (*Miss agente especial*), cuando se le pregunta a las participantes del concurso de belleza: «¿Qué es lo que fundamentalmente necesita nuestra sociedad?». Una por una, y vez tras vez, todas sonríen dulcemente y dicen lo mismo: «¡La paz mundial!», seguido de una gran ovación con aplausos y aprobación del público. Entonces el personaje de Sandra Bullock, Gracie Hart, se acerca al micrófono. Es su turno de responder la pregunta. Escucha la pregunta: «¿Qué es lo que fundamentalmente necesita nuestra sociedad?». Toda serena y elegante, responde: «Penas más duras para los violadores...». Hay absoluto silencio y todo lo que podemos escuchar es el chirrido de los grillos en el fondo. Stan luce incómodo y no sabe realmente qué hacer hasta que finalmente Gracie agrega: «...¡yyyyy la paz mundial!». La multitud enloquece con los aplausos. «La paz mundial» podría ser la respuesta estándar imaginada en un concurso de belleza, ¿pero qué es esta paz que todos parecen querer?

La mayoría de las personas definirían la paz como la ausencia de guerra, estar en calma todo el tiempo o vivir una vida libre de molestias, luchas y caos.

¿Acaso eso es todo?

Si es así, ¿cómo podemos entender los versículos de la Biblia que nos dicen que se deben esperar problemas y conflictos en nuestra vida cristiana? Por ejemplo, Santiago 1:2-3: «Hermanos míos, tened por sumo gozo cuando os halléis en diversas pruebas, sabiendo que la prueba de vuestra fe produce paciencia». Esa pequeña palabra «cuando» que vemos en el versículo 2 nos dice que, como cristianos, debemos esperar pruebas y dificultades en nuestras vidas.

Entonces, ¿puede la paz realmente ser solo la ausencia de problemas y luchas?

¿Cómo funciona eso si como cristianos debemos esperar pruebas, pero también debemos tener paz en nuestras vidas? Confuso, ¿cierto? Tiene que haber algo más que eso. ¿Qué es entonces?

¿Cómo lo entiendo?

¿Cómo consigo la paz con otras personas y conmigo mismo?

¿Se supone que debo tener paz de todos modos aun cuando me estás diciendo que también se

> *supone que debo esperar problemas y tiempos difíciles?*

Todas estas preguntas podrían hacer calentar nuestros cerebros si no tenemos cuidado. Pueden parecer un poco abrumadoras. Pero comencemos a pensar un poco sobre esto. Esperemos que para el final de este capítulo, comprendamos mejor lo que es la paz y cómo se manifiesta en nuestras vidas.

«Justificados, pues, por la fe, tenemos paz para con Dios por medio de nuestro Señor Jesucristo» (Rom. 5:1).

Romanos nos dice que la paz va más allá de solo vivir sin problemas, que es mucho más que solo la ausencia de conflictos o crisis internas. Habla de un sosiego que únicamente puede venir de saber que todo está resuelto y arreglado con Dios. Romanos nos dice que nuestra mayor necesidad es tener paz con Dios, y que solamente podemos encontrar esa paz a través de Su Hijo, Jesucristo.

DETENTE
En primer lugar, ¿por qué razón no tenemos paz con Dios?

Nuestra relación con Dios se destrozó a causa del pecado. Hemos ignorado a Dios, nos hemos rebelado en Su contra, y básicamente hemos hecho lo que hemos querido. De hecho, ni siquiera puede mirarnos, somos tan detestables para Él. **Habacuc 1:13 dice: «Muy limpio eres de ojos para ver el mal, ni puedes ver el agravio».** Nuestro pecado es una afrenta para un Dios santo y perfecto, y necesitamos protección porque tememos ser totalmente consumidos en Su presencia. ¿Entiendes la situación? ¡Ciertamente no es buena ni remotamente pacífica!

«Como está escrito: No hay justo, ni aun uno; no hay quien entienda, no hay quien busque a Dios. Todos se desviaron, a una se hicieron inútiles» (Rom. 3:10-12).

> *«Ya que por las obras de la ley ningún ser humano será justificado delante de él; porque por medio de la ley es el conocimiento del pecado»* (Rom. 3:20).

Hemos quebrantado la ley de Dios y eso tiene su precio.

La ley existe para mostrarnos cómo es Dios y, al mismo tiempo, nos muestra en lo que nos hemos convertido porque no podemos cumplirla. Nos señala a Cristo y nuestra necesidad de Él. Así como el espejo refleja la realidad de nuestro aspecto, la ley nos da una idea de quiénes somos en realidad. Básicamente, no solo estamos con el agua hasta el cuello, estamos en medio de un tsunami, sin remos. Pero antes de que colapses por completo, debes saber que hay buenas noticias. Ahora, sé que a mí me tomó mucho tiempo llegar hasta allí, pero puedo prometerte que vale la pena la espera.

Nosotros no podemos cumplir la ley,
pero Jesús podía y lo hizo.

> *«Estas cosas os he hablado para que en mí tengáis paz. En el mundo tendréis aflicción; pero confiad, yo he vencido al mundo»* (Juan 16:33).

Fuera de Jesús nunca podemos encontrar la paz verdadera. Es tan simple como eso. No hay manera de que podamos defendernos ni remotamente o pagar el precio que nuestro pecado exige. Sin Cristo, el tsunami de los juicios de Dios nos borraría justificadamente por completo. *Pero* Dios nos dio una salida. Él escogió salvarnos por medio de Jesucristo.

> *«Porque también Cristo padeció una sola vez por los pecados, el justo por los injustos, para llevarnos a Dios»* (1 Ped. 3:18).

ILUSTRACIÓN

Estás en casa de Jackie para tomar una taza de té y su expareja, Frank, surge en la conversación. Pronto te dice por qué realmente se fue. Te cuenta que recibió una carta en el correo un día diciendo que la llevarían ante la corte por no pagar la tarjeta de crédito, y ahora con todos los intereses y los sobrecostes judiciales, la deuda asciende a miles. Durante meses y meses, había estado ignorando las demandas, guardándolas en el cajón de la cocina, esperando que Frank nunca las encontrara, y de repente se enfrenta a una deuda que tiene más ceros de los que sabía que existían. Creyó que lo perdería todo, e incluso descubrieron que en realidad había estado cometiendo fraude. Ahora se trataba de algo más que el dinero; estaba enfrentando cargos criminales. Finalmente, tuvo que confesar y decirle a Frank, y él se volvió completamente loco. «Juro que realmente pensé que podría golpearme en cualquier momento, pero en lugar de eso, dejó ese agujero a través de la pared», te dice señalando la pared de la sala de estar. «Lo único que hicimos fue discutir durante semanas. Era agotador tener que lidiar con el miedo, la molestia, y yo solo seguía llorando todo el tiempo. Ahora tengo que ir a la corte sola. Frank no se preocupa por nadie más aparte de él mismo». La verdad finalmente ha salido. Frank se marchó porque no pudo hacer frente a todas sus mentiras, la manipulación o las discusiones. Incluso era demasiado para ella admitirlo; era más fácil enojarse con él.

La fecha de la audiencia llegó más rápido de lo que ella esperaba y tú la acompañas para brindarle apoyo moral. Sabes que no importa cuán arrepentida o cuán elegante se vea con el mejor traje de tu tía, no hay nada bueno a su favor. En el mejor de los casos, recibirá una gran multa y tendrá que pagarlo todo. «Odio este lugar. Es como si todos estuvieran mirándome. Me siento cada vez más enferma». Al ver a su abogado en la esquina, Jackie está ligeramente confundida porque parece estar contento. Su gesto la hizo enojar porque este había sido uno de los peores días de su vida. Cuando él habla, ella no parece entenderlo en absoluto. Para ser sinceros, hasta a ti te resulta difícil creer la verdad. Pero esto es lo que dijo: «Una persona anónima ha pagado toda la deuda esta mañana, incluyendo los cargos judiciales». «No pudo haber sido Frank, ¿quién haría eso? Naa, eso no está bien. Tiene que estar jugando alguna clase de juego psicológico con mi mente. No hay deuda y están retirando los cargos, ¿cómo es eso posible?».

Ninguna ilustración es perfecta, pero así es como Jesús compró nuestra paz con Dios a través de Su muerte. Siendo perfecto y sin pecado, pagó el precio que nosotros debíamos, convirtiéndose en pecado por nosotros. Romanos 5:19 dice: «Porque así como por la desobediencia de un hombre [Adán] los muchos fueron constituidos pecadores, así también por la obediencia de uno [Jesucristo], los muchos serán constituidos justos». Al pagar nuestra deuda, Jesús no solo satisfizo el juicio de Dios, sino que nos hizo justos. Dios no solo nos perdona porque Cristo pagó nuestros pecados; también nos trata como si en realidad nunca hubiésemos pecado. Lo que digo es que Él nos trata como si hubiésemos obedecido perfectamente la ley de Dios. No malinterpretes el asunto, Él no está ignorando nuestro pecado; el costo tiene que ser pagado, pero por Cristo. Él pagó el precio y nos compró la paz eterna con Dios. El tsunami se vuelve tan quieto y apacible como un estanque de patos.

He dicho muchas veces en los capítulos anteriores que cuando nos convertimos en cristianos debemos cambiar. Cuando encontramos la paz con Dios a través de Cristo, debemos cambiar. Vemos esto en nuestras vidas, porque no solo nuestra relación con Dios ha cambiado y ha sido restaurada, sino también nuestras relaciones con los demás mejoran. No solo podemos tener paz con Dios, sino que también podemos tener paz con las personas. Vemos la evidencia de esto cuando comenzamos a practicar el perdón y la paciencia, cuando luchamos contra la tentación de quejarnos y lamentarnos, cuando realmente asumimos la responsabilidad de nuestro pecado en lugar de culpar a algo o alguien más, cuando resistimos la necesidad de autojustificarnos y de ser prejuiciosos, o cuando luchamos contra nuestro orgullo. De repente, observamos la manera como estábamos viviendo y ya no queremos vivir más así. Dios nos está transformando.

> Cuando somos transformados desde adentro hacia fuera, destacamos de entre los demás, la gente lo nota y Dios se glorifica.

Siento que en este punto debería escribir «fin» y deberíamos irnos celebrando porque «Justificados, pues, por la fe, tenemos paz para con Dios por medio de nuestro Señor Jesucristo» (Rom. 5:1). Todo resuelto, fin de la historia, ¿cierto? Dios es constante y nunca cambia. Nada puede alterar la paz que ahora tenemos con Él, ¿no? ¿Pero qué pasa si eso no es verdad para nosotros? ¿Qué pasa si, en este momento, no hay paz en mi vida?

> **DETENTE**
> ¿Hay algo que te está robando la paz? ¿Qué es?

¿Es algún pecado sin confesar? Al igual que Jackie, ¿le mientes a los que te rodean? ¿Estás nadando entre dos aguas? ¿Codicias algo o a alguien que no deberías? ¿Estás «haciendo algo» a escondidas? ¿No estás confiando en Dios? ¿Te preocupas por todo? ¿Estás siendo un controlador? ¿El dolor de tu pasado está afectando tu presente? ¿Estás dependiendo de las cosas equivocadas y confiando en ellas?

«Ahora, pues, ninguna condenación hay para los que están en Cristo Jesús, los que no andan conforme a la carne, sino conforme al Espíritu» (Rom. 8:1).

El problema es que todos olvidamos la verdad fácilmente. Es como si aprendiéramos una lección y *pum*, tres minutos después la hemos olvidado por completo. Constantemente debemos recordar las verdades del evangelio y predicarlas a nuestras vidas. Sea lo que sea que te esté robando tu paz, corre a Dios en oración y arrepentimiento. Sé sincero con Él y aférrate a Él, da gracias por tu salvación y la esperanza que tenemos en Cristo. Él compró nuestra paz a través de la sangre de Jesús, y nadie más que nosotros mismos, con nuestra necia desobediencia y pecaminosidad, puede privarnos de eso.

PUNTO CLAVE

Jesús compró nuestra paz a través de Su sangre y solo nuestra necia desobediencia y pecaminosidad puede destruir nuestra paz.

VERSÍCULO PARA MEMORIZAR

«Regocijaos en el Señor siempre. Otra vez digo: ¡Regocijaos! Vuestra gentileza sea conocida de todos los hombres. El Señor está cerca. Por nada estéis afanosos, sino sean conocidas vuestras peticiones delante de Dios en toda oración y ruego, con acción de gracias. Y la paz de Dios, que sobrepasa todo entendimiento, guardará vuestros corazones y vuestros pensamientos en Cristo Jesús» (Fil. 4:4-7).

RESUMEN

La paz parece ser algo por lo que todos estamos luchando, pero nunca alcanzamos ni comprendemos. La paz es más que solo vivir sin conflictos y problemas. Necesitamos experimentar la tranquilidad que proviene de saber que todo está resuelto y arreglado con Dios. A través de Su muerte, Jesús nos trae la paz con Dios. Fuera de Él nunca encontraremos la paz verdadera.

¿CUÁL ES EL PUNTO?

Los cristianos deben crecer en paciencia.

CAPÍTULO 4

No empieces la casa por el tejado: Paciencia

🗝 *«Mas el fruto del Espíritu es amor, gozo, paz, **paciencia**, benignidad, bondad, fe, mansedumbre, templanza; contra tales cosas no hay ley»* (Gál. 5:22-23).

Cuando era niña, tuvimos a una primer ministro llamada Maggie Thatcher. Cualquiera en el Reino Unido que tenga más de dieciocho años sabe quién fue ella. Era amada por los suburbanos y despreciada por la clase obrera. Thatcher era como la salsa Marmite, o la amabas o la detestabas; no había término medio. Esta es mi primera vez, y sé que seguramente no será la última, pero quiero citar a la Dama de Hierro: «Soy extraordinariamente paciente, siempre que, al final, me salga con la mía».

> **DETENTE**
> ¿Qué crees que en realidad estaba diciendo?

El problema es que Thatcher dio en el clavo. Muchos de nosotros definimos la paciencia como esperar hasta obtener lo que queremos, pero eso realmente no es ser paciente, ¿o sí? Eso es ser obstinados, inamovibles o mostrar una voluntad de acero. Lamentablemente, podemos trasladar esta clase de pensamiento a nuestra relación con Dios. Le pedimos a Dios algo y luego simplemente esperamos que Él entregue la mercancía como si fuera Amazon. ¡De hecho, queremos que haga la entrega como Amazon Prime (al instante o al día siguiente)! Entonces, cuando no conseguimos lo que queremos, de la forma en la que lo queremos, tenemos una crisis en nuestra fe, un colapso, ¡una rabieta! Incluso podríamos cuestionarnos si Dios realmente nos ama. Después de todo, si Él realmente nos amara, nos habría dado lo que queríamos en primer lugar, ¿cierto? Murmuramos y nos quejamos de la situación, y finalmente comenzamos a murmurar y a quejarnos del Señor.

La paciencia no se trata solo de esperar algo, ni siquiera de esperar «de buena gana» lo deseado; implica mucho más. Para entender la profundidad de la palabra *paciencia*, primero tenemos que pensar en la paciencia que Dios nos muestra. Tenemos que pensar en la paciencia como una característica del Señor, cómo Él nos ejemplifica la paciencia y qué significa eso para nosotros como cristianos.

La paciencia bíblica consiste en que Dios se contiene debido a Su amor y misericordia por el hombre pecador. Como pecadores, somos completamente merecedores de Su ira, pero Él la reprime, durante un tiempo. Él se contiene y ejercita la paciencia con nosotros para que podamos arrepentirnos y reconciliarnos con Él. Eso es un poco diferente a lo que hemos estado pensando, ¿no? Es más que solo esperar hasta que recibamos cada artículo de nuestra lista de deseos de Amazon, ¿cierto?

Vemos ejemplos de la paciencia de Dios a lo largo de toda la Biblia, pero aquí tienes un par de ellos:

«Les soportaste por muchos años, y les testificaste con tu Espíritu por medio de tus profetas, pero no escucharon; por lo cual los entregaste en mano de los pueblos de la tierra» (Neh. 9:30).

«¿Y qué, si Dios, queriendo mostrar su ira y hacer notorio su poder, soportó con mucha paciencia los vasos

de ira preparados para destrucción, y para hacer notorias las riquezas de su gloria, las mostró para con los vasos de misericordia que él preparó de antemano para gloria, a los cuales también ha llamado, esto es, a nosotros, no sólo de los judíos, sino también de los gentiles?» (Rom. 9:22-24).

La paciencia de Dios es grande, pero no es infinita; llegará a su fin.

Él ya ha designado el día en que juzgará al mundo. Así que, básicamente, aquel día será el fin de la paciente lucha que Dios mantiene con nosotros. Paciente ahora, pero eso no durará para siempre. Se acabará y tenemos que estar preparados para lo que vendrá.

El hecho de que Dios retrase el día del juicio para que todos podamos escuchar el evangelio no es la única forma mediante la cual Él nos muestra Su paciencia. Dios también muestra Su paciencia para con nosotros a medida que cambiamos y crecemos.

Me siento como un disco rayado porque sigo diciendo lo mismo una y otra vez. Tener a Cristo en nuestra vida debe impactar nuestras vidas, y deberíamos comenzar a demostrar Sus características, como la cualidad de la paciencia. No soy la persona que de manera natural sea la más paciente del mundo, y me ha costado escribir esto porque ha sido difícil escapar de la verdad. **Pero la paciencia no es opcional para el cristiano.** Nos gustaría pensar que se debe a que no es fácil, pero lo es. Dios es paciente y a nosotros también se nos ordena ser pacientes.

JACKIE

Cuando veo a las mujeres de la iglesia el domingo, es como si fueran Mary Poppins. Da la impresión de que sus hijos nunca se enojan como los míos. Es más fácil para ellas ser pacientes con sus hijos que yo con los míos. No importa lo que haga, simplemente no harán lo que yo diga, pero realmente lo estoy intentando. No es fácil.

> **DETENTE**
>
> ¿Cómo reaccionas cuando alguien te ha molestado o disgustado? ¿Te contienes cuando estás enojado o te dejas llevar?

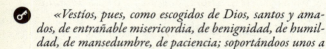*«Vestíos, pues, como escogidos de Dios, santos y amados, de entrañable misericordia, de benignidad, de humildad, de mansedumbre, de paciencia; soportándoos unos a otros...»* (Col. 3:12-13).

> **DETENTE**
>
> ¿Cómo demuestras la misma paciencia que Dios te muestra? ¿Cómo se puede ver eso en ti?

En verdad debemos aplicar esto a nuestra vida diaria y ser pacientes unos con otros. Saber que necesitamos paciencia y demostrarla en realidad son dos cosas diferentes.

Sé que ahí es donde fallamos.

Cuando estamos bajo presión, lo que sale a la luz es el verdadero «yo». Sabes a qué me refiero: «tu verdadero yo», ese lado tuyo que has estado frenando o escondiendo por si alguien lo ve. El «yo» que aparece en esos momentos en los que estás cansado y estresado porque los niños te sacan de quicio. Nuestra paciencia se agota y nuestros niveles de irritación se disparan por las nubes. Cuando la presión se eleva a toda velocidad, lo primero que sale por la ventana es nuestra paciencia. De hecho, muchos de nosotros ni siquiera necesitamos explotar porque tenemos todas esas pequeñas cosas, nuestras manías, las cosas que nos irritan y nos llevan al límite más rápido de lo usual. Para esas cosas, ni siquiera necesitamos la excusa de la presión para ver que los niveles de irritación aumentan y nuestra paciencia disminuye.

En mi caso, son las filas para pagar. Soy realmente impaciente esperando en las cajas y es peor cuando el asistente está siendo un completo incompetente, tardándose años para hacer la tarea más sencilla, y tiene que pedir ayuda cada tres minutos. PERO, no importa cuán larga sea la fila, cuán atrasada esté, cuán despistado sea el asistente, no hay excusas para que pierda los estribos y sea impaciente. Ahora, realmente no pierdo los estribos últimamente, pero sé que puedo ser bastante mala cuando me enojo, y si no me controlo puedo llegar a ser intimidante.

> **DETENTE**
>
> ¿Qué te hace enojar y te lleva al límite?

ILUSTRACIÓN

Saliendo con Jackie un día, entramos al supermercado por un par de cosas cuando vi un letrero que decía: «Juego de llaves en dos minutos». Necesitábamos un juego de llaves y pensé: «Perfecto, dos pájaros de un solo tiro». Me paré en la fila y le dije al asistente que quería tres copias de la misma llave. Lo que sucedió a continuación fueron veinte minutos de que el asistente se equivocara constantemente, reiniciara la máquina y mirara a la pantalla diciendo: «Mmm, no sé qué hacer». Le preguntó a dos a personas y comenzó el proceso de duplicado cinco veces. Con cada pizca de mi ser, me quedé allí intentando mantener la calma, luchando por encontrar la paciencia para esperar. Había pasado tanto tiempo que en realidad comencé a evaluar si debía quedarme o simplemente irme. Pero para ese momento, sabía que estaba metida en esto; tenía que esperar y Jackie estaba mirando.

Finalmente, otro asistente vino y se encargó, y obtuve mis tres llaves cinco minutos después. «Lo siento», dijo el nuevo asistente, momento en el que Jackie agregó: «Espero que seas mejor que el otro. ¡Me estoy cansando de esperarla así que dejen de perder el tiempo!». El asistente la miró un poco apenado y dijo: «Lo siento mucho, no sé qué le hizo a la máquina». ¡Yo tampoco! Tal vez haya logrado parecer paciente, puede que me viera toda serena y que haya murmurado algo trillado como: «No te preocupes», **pero** no lo estaba. Me sentía exactamente como Jackie; por dentro estaba en verdad furiosa.

> **DETENTE**
>
> ¿Hay en realidad alguna diferencia entre el comportamiento de Jackie y el mío?

A todos nos gusta pensar que somos expertos en ocultar nuestros sentimientos, pero no importa cuánto lo intentemos, la impaciencia y la frustración tendrán señales reveladoras. De alguna manera nos delatan; cada nervio estará ansioso por decir: «¡Me estoy enfureciendo en verdad!». Este es el problema: somos impacientes. Con demasiada frecuencia, la gracia puede esfumarse rápidamente en esos momentos de la vida diaria. Como cuando nuestro hijo pierde uno de sus zapatos para ir a la escuela por segunda vez esa semana y siempre es uno solo, cuando ese sujeto loco nos corta el paso en el desvío y solo saluda mientras pasa, cuando vamos al refrigerador y alguien usó lo que quedaba de la leche y volvió a colocar la botella vacía dentro... Decimos con frustración: «¡¿En serio?!». En estos momentos olvidamos con mucha facilidad la gracia que se nos ha mostrado y nos frustramos, irritamos e impacientamos.

> Nos frustramos con las personas en lugar de ser amables.
> Nos impacientamos en lugar de ser pacientes.

En esos momentos pasamos por alto el hecho de que ellos forman parte de nuestra familia cristiana, y rara vez pensamos sobre nuestro testimonio ante aquellos que no conocen a Cristo; **convertimos a las personas en objetivos de nuestra frustración**. No importa cuánto lo intentemos, nuestra impaciencia es difícil de ocultar.

«Pero por esto fui recibido a misericordia, para que Jesucristo mostrase en mí el primero toda su clemencia, para ejemplo de los que habrían de creer en él para vida eterna» (1 Tim. 1:16).

Recuerdo haberle dicho a mi hijo cuando era pequeño: «¿Cuántas veces tengo que decírtelo?», y él, tomando mi pregunta de manera literal, dijo con todo atrevimiento: «No lo sé, ¿siete?». Eso me hizo reír un buen rato, y me recuerda que Dios me dice lo mismo con regularidad: «Sharon, ¿cuántas veces tengo que decírtelo?». Todos somos capaces de volvernos fariseicos y olvidar cuántas veces nos hemos equivocado. ¿Cuántas veces hemos hecho mal las cosas? ¿Cuántas veces ha tenido Dios que enseñarnos algo una y otra vez? Y aun así, Él nos muestra Su inmensurable paciencia y bondad. Esto es más de lo que merecemos y definitivamente más de lo que nosotros mostramos a los demás.

Las personas no son las únicas que nos impacientan. Hay veces en que podemos ser impacientes con Dios y Su tiempo. Como cristianos, usamos el término «esperar bien». Lo que queremos decir con esto es que, estamos seguros de la voluntad de Dios y esperamos bien Su tiempo perfecto. Pero somos la generación McDonald's, no solo no nos gusta esperar, sino que tampoco nos gusta escuchar un «no». Lo queremos y lo queremos ya.

Hay un ejemplo perfecto de cómo somos en la película *Willy Wonka y la fábrica de chocolate* (la *original*, por supuesto). El personaje Veruca Salt canta la canción: «¡Lo quiero ahora!... ¡No me importa cómo, lo quiero ahora!». Esto lo resume bastante bien para muchos de nosotros. «No me importa cómo, lo quiero ahora». Cuando no conseguimos lo que queremos cuando lo queremos, de alguna manera hacemos que suceda. Forzamos la situación y nos metemos en problemas. Somos demasiado impacientes para esperar al tiempo perfecto de Dios.

He visto esto con hombres y mujeres solteros que están desesperados por tener una relación. No me malinterpretes, el deseo de estar casado es bueno, un regalo de Dios. Pero he conversado con muchas mujeres que sencillamente no están preparadas para esperar o están cansadas de esperar. No confían en Dios ni en Su tiempo. Pueden deprimirse y molestarse fácilmente porque parece que todos tienen pareja excepto ellas. Se sienten incompletas, descontentas, abandonadas y ansiosas. Tener una relación se ha convertido en un ídolo (es más importante para ellas que Dios). Su soledad y desesperación por un esposo alimentan sus pasiones, y comienzan a tomar malas decisiones. Las chicas pueden fácilmente precipitarse en una relación e incluso permitirse tener relaciones apresuradamente, cruzar líneas que jamás habrían contemplado transgredir antes. Tal vez incluso escogen a alguien que realmente no es un cristiano maduro, o toman la decisión de salir con un inconverso (¡salir para salvar!). Se dicen la mentira de que, obviamente, salir con una cristiana obligará a su novio a ver su desesperada necesidad de salvación (¡sí, claro!). Todo esto puede resultar en hijos fuera del matrimonio, mujeres considerando abortar, rupturas dolorosas, matrimonios conflictivos y hasta cristianos alejándose del Señor.

Olvidamos que Dios es sabio. Olvidamos que Dios es fiel. Olvidamos que Dios en realidad sabe lo que hace. Olvidamos esperar y confiar. **Olvidamos ser pacientes.**

> **DETENTE**
>
> ¿Qué le pides constantemente a Dios o de qué le hablas siempre? ¿Cómo te sentirías si Dios dijera que no?

Recuerdo una vez, cuando era joven cristiana, orar por algo, y alguien me recordó que Dios usa la espera para cambiarnos. Realmente nunca aprecié ese tiempo; solo creía que era demasiado difícil e irreal esperar pacientemente. Cuando nos cuesta ser pacientes, debemos recordar la gracia que Jesús nos ha mostrado y esperar pacientemente en Sus promesas. Debemos mirarlo, confiar en Él y pedirle que nos ayude mientras nos esforzamos por mostrar paciencia. Afortunadamente, Cristo es increíblemente paciente con nosotros.

PUNTO CLAVE

Dios tiene paciencia, pero no es infinita. Su paciencia llegará a su fin. Él ha designado un día en que juzgará al mundo, el cual marcará el fin de la paciente lucha que Dios mantiene con nosotros. Somos llamados a ser pacientes, no es algo opcional para nosotros, ¡pero es difícil! Afortunadamente, tenemos a un Salvador que nos da todo lo que necesitamos, incluso paciencia.

VERSÍCULO PARA MEMORIZAR

«Bendito el Dios y Padre de nuestro Señor Jesucristo, que según su grande misericordia nos hizo renacer para una esperanza viva, por la resurrección de Jesucristo de los muertos, para una herencia incorruptible, incontaminada e inmarcesible, reservada en los cielos para vosotros» (1 Ped. 1:3-4).

RESUMEN

Muchos de nosotros somos impacientes, queremos algo y lo queremos inmediatamente. La paciencia no se trata solo de esperar algo y mostrar sujeción. La paciencia es un concepto extraño para nosotros, pero no para Dios. El Señor retiene pacientemente Su juicio para que podamos arrepentirnos y volver a Él restaurados. Pero debemos recordar que Su paciencia no es infinita; llegará un momento en que se acabará. Para el cristiano, la paciencia no es algo opcional. Debemos soportarnos unos a otros, crecer en paciencia y demostrarla y seguir el ejemplo que Dios nos ha mostrado.

¿CUÁL ES EL PUNTO?

Los cristianos deben crecer en benignidad.

CAPÍTULO 5

Con miel se atrapan más moscas

*«Mas el fruto del Espíritu es amor, gozo, paz, paciencia, **benignidad**, bondad, fe, mansedumbre, templanza; contra tales cosas no hay ley»* (Gál. 5:22-23).

A estas alturas probablemente notes que me encantan las películas. Siento que he comenzado lo que fácilmente podría convertirse en el hábito de tener siempre al menos la cita de una película en cada capítulo, pero también sé que eso me distraerá y desviará mi atención mientras busco en mi baúl de los recuerdos alguna escena útil. Sin embargo, cuando pienso en la amabilidad, hay una película que simplemente me viene a la mente, grabada allí como un clásico: *Cadena de favores*. Reto a cualquiera a ver esa película sin llorar. Un chico llamado Trevor intenta hacer del mundo un mejor lugar después de que su profesor le asignara una tarea a su clase. La actividad consiste en pensar en algo que pueda cambiar el mundo y luego ponerlo en acción. A Trevor se le ocurre la idea de pagar un favor por otro: pensar en tres buenas acciones significativas que hacer por personas desconocidas, y después llevarlas a la práctica. Luego, la persona que recibe el gesto tiene que «pasar el favor» y hacer tres acciones «significativas» por otros. Los esfuerzos de

Trevor por cumplir su idea desatan una revolución no solo en su vida, sino también en la de su abuela alcohólica, en la del profesor con traumas emocionales y finalmente en la de toda una nación, ya que la «cadena de favores» se convierte en una gran noticia y termina siendo entrevistado por la prensa. ¡A la gente le encanta una buena historia!

Pero no solo en las películas vemos actos de benignidad al azar. Busca en Google «actos de bondad al azar» y hay cerca de 1 580 000 resultados; de hecho, incluso hay un día de hacer un acto de bondad al azar que se celebra el 17 de febrero. Hay de todo, desde perros que son rescatados por desconocidos hasta personas a quienes se les paga la factura de un restaurante, páginas y páginas de conmovedoras historias de actos de bondad de la vida real realizados por extraños. Me encantó una acerca de una anciana que le dejó a su camarero una gran propina junto con una nota escrita. Decía: «Luke, la propina que recibiste fue porque me recordabas a mi hijo, Devon, que murió hace quince años. Quizás te pareces un poco a él, pero fue tu espíritu amable, gentil, aplicado y educado el que hizo la conexión. Gracias por el recuerdo agridulce. ¡Dios te bendiga, querido!».

> **JACKIE**
>
> La frágil anciana Doris tiene ochenta y dos años, y ha vivido en el apartamento debajo de Jackie durante años. Cada vez que Jackie prepara una olla de sopa, envía a uno de los niños con un recipiente lleno para Doris. Todavía hoy, Frank le sigue comprando pan los domingos por la mañana cuando busca su periódico y lo deja colgando en la manija de su puerta. Doris es encantadora y todos la conocen.

Algo que me impactó de todas estas historias y frases es que la mayoría de los actos de bondad, si no todos, provocan gratitud. El camarero estaba tan contento no solo por la dulce nota, sino por la gran propina; la dueña del perro estaba emocionada y abrazó al hombre que se zambulló en el océano para salvar a su mascota; la indigente a la que le pagaron la comida mostró su gratitud comprándole comida a alguien más cuando su vida se arregló.

Pero imagina cómo se habría sentido el hombre después de quitarse la camisa y saltar al agua helada para rescatar al perro si, luego de este heroico acto, la dueña no hubiera hecho o dicho nada. Estaría un poco irritado, ¿cierto? Quiero decir, nos enojamos cuando cedemos el paso a otro auto y el conductor no reconoce nuestra amabilidad o benignidad. No saluda, no enciende las luces intermitentes, nada. Nos irritamos, ¿no? ¡Esperamos que haya gratitud luego de mostrar un acto de bondad, y nos encanta recibir elogios!

> **DETENTE**
>
> ¿Cómo te sientes si haces algo amable por alguien y no recibes las gracias?

Sin embargo, la benignidad de Dios es diferente. Su benignidad no se ve afectada por la gratitud o ingratitud de aquellos a quienes se les muestra. La amabilidad de Dios no se ve influenciada por el resultado o la respuesta del destinatario. Vemos eso en Lucas 6:35.

«Amad, pues, a vuestros enemigos, y haced bien, y prestad, no esperando de ello nada; y será vuestro galardón grande, y seréis hijos del Altísimo; porque él es benigno para con los ingratos y malos» (Luc. 6:35).

Eso es una locura, ¿cierto? Hemos escuchado una y otra vez que debemos ser cristianos semejantes a Cristo y mostrar Sus características en nuestras vidas. No obstante, ¡aquí vemos que Dios muestra misericordia y benignidad a Sus enemigos, a los ingratos y malos! Pensar en ser amables con las personas que nos agradan es fácil de entender. Ser amables con los desagradecidos es molesto, pero aunque podría costarnos, no creo que muchos de nosotros realmente dejemos de ser amables solo por eso. Pero ¿qué hay de ser buenos con nuestros enemigos y con los malos? De ninguna manera, seguramente eso es ir demasiado lejos.

ILUSTRACIÓN

La cristiana Corrie ten Boom y su hermana Betsie fueron arrestadas por esconder a judíos en su hogar durante la ocupación nazi de Holanda. Fueron enviadas a un campo de concentración. Corrie escribió su historia en su autobiografía, *El refugio secreto*.

Ella describe el día en que conoce a su antiguo carcelero, el enemigo, después de la guerra. Sucedió luego de que terminara de dar una charla en una iglesia en Múnich acerca del perdón de Dios. Escribe:

> De repente, todo se encontraba allí mismo... el cuarto lleno de hombres burlándose, los montones de ropa y zapatos en el centro del piso, la vergüenza de caminar desnuda frente a este hombre. Podía ver la frágil figura de mi hermana delante de mí, sus costillas y su pálida cara... Este hombre montaba guardia en la puerta del cuarto de las duchas en Ravensbrück. Ahora estaba frente a mí, con la mano extendida.
> —¡Qué gran mensaje, *fräulein*! —dijo—. ¡Qué bueno es saber que, como usted dice, todos nuestros pecados se encuentran en lo profundo del mar!
> Y yo, quien había predicado tan fervientemente sobre la necesidad de perdonar, guardé mi mano en un bolsillo. Por supuesto que él no me recordaría, ¿cómo podría recordar a una prisionera entre miles de mujeres?

Pero yo lo recordaba a él y al látigo de cuero que colgaba de su cinturón. Era la primera vez desde mi liberación que me encontraba cara a cara con uno de mis captores, y mi sangre pareció congelarse.

—Mencionó Ravensbrück en su charla —dijo—, fui carcelero allí.

No, no me recordaba.

—Pero desde entonces —continuó—, me convertí en cristiano. Sé que Dios me ha perdonado por las cosas crueles que hice allí, pero también me gustaría oírlo de sus labios. *Fräulein* —volvió a extender la mano—, ¿me perdonaría?[1]

DETENTE

¿Qué harías en ese momento?

ILUSTRACIÓN

Corrie continúa...

Y me quedé allí, yo cuyos pecados tenían que ser perdonados a diario, y no podía. Betsie había muerto en ese lugar, ¿podía él borrar su terrible y agonizante muerte con solo pedirlo? No pudo haber pasado mucho tiempo allí, con la mano extendida, pero a mí me pareció horas mientras luchaba con lo más difícil que había tenido que hacer.

---

1. *'Guideposts Classics: Corrie ten Boom on Forgiveness'* [Hitos clásicos: Corrie ten Boom sobre el perdón] <https://www.guideposts.org/better-living/positive-living/guideposts-classics-corrie-tenboom-on-forgiveness> Último acceso: abril de 2019.

Porque tenía que hacerlo, lo sabía. El mensaje de que Dios perdona tiene una condición previa: que perdonemos a los que nos han lastimado. Jesús dice: «mas si no perdonáis a los hombres sus ofensas, tampoco vuestro Padre os perdonará vuestras ofensas».

Dios le estaba pidiendo a Corrie que actuara de acuerdo a su fe y perdonara, algo mucho más fácil de decir que hacer. Ella había visto con sus propios ojos a personas paralizadas por la amargura, incapaces de reconstruir sus vidas. También había visto a aquellos que habían perdonado a sus enemigos, reconstruir sus vidas a pesar de las cicatrices físicas. En ese momento mientras batallaba con lo que debía hacer, todos los viejos recuerdos y sentimientos regresaron.

«¡Jesús, ayúdame!», oré en silencio. «Puedo levantar la mano. Puedo hacerlo. Dame tu compasión». Y de manera poco expresiva y mecánica, tomé la mano que estaba extendida hacia mí. Cuando lo hice, algo increíble sucedió. Desde mi hombro, a lo largo de mi brazo y a través de mi mano, una corriente parecía pasar de mí hacia él. Y luego esta cálida sanidad pareció inundar todo mi ser, llenando mis ojos de lágrimas.
—¡Te perdono, hermano! —lloré—. ¡Con todo mi corazón!

Comprendo que la historia de Corrie señala principalmente el perdón a un enemigo, ahora un hermano en Cristo, pero la benignidad, la compasión y el perdón están tan íntimamente entretejidos que es difícil separar una cualidad de las demás. El perdón de Corrie, el estrecharle la mano, fue un verdadero acto de benignidad. Tuvo que pedirle a Dios que la ayudara a hacerlo, le costó, pero a pesar de todo, mostró amabilidad a quien era su enemigo. Es bastante asequible ser buenos con aquellos que amamos, con un amigo o simplemente con una abuelita que necesita que le suban la compra por las escaleras; pero mostrar benignidad hacia nuestros enemigos parece una tarea imposible. Y aun así, lo que vemos en Corrie es un ejemplo del Señor haciendo lo imposible al cambiar los corazones de Su pueblo. Puede parecer completamente irreal, pero con Dios todo es posible, y afortunadamente como vemos en la historia de Corrie, no tenemos que hacerlo solos; Él está con nosotros, ayudándonos.

La benignidad se define en el carácter de Dios que Jesús refleja en Su persona a través de Su vida y obra en la tierra, y que el Espíritu Santo produce en la vida del creyente. La benignidad debe reflejarse en la vida del creyente.

> **DETENTE**
>
> ¿De qué manera muestras benignidad hacia los que te rodean?

Por desgracia, como sucede con todas las cosas, podemos tomar algo que es hermoso, una característica de Dios, y deformarlo y distorsionarlo.

«*Guardaos de hacer vuestra justicia delante de los hombres, para ser vistos de ellos; de otra manera no tendréis recompensa de vuestro Padre que está en los cielos. Cuando, pues, des limosna, no hagas tocar trompeta delante de ti, como hacen los hipócritas en las sinagogas y en las calles, para ser alabados por los hombres; de cierto os digo que ya tienen su recompensa. Mas cuando tú des limosna, no sepa tu izquierda lo que hace tu derecha, para que sea tu limosna en secreto; y tu Padre que ve en lo secreto te recompensará en público*» (Mat. 6:1-4).

Vemos en Mateo la advertencia de no practicar obras de justicia por las razones equivocadas, por vanagloria, ni ser amables para poder quedar bien frente a otras personas o para ser alabados y vistos por ellas. Esa no es la benignidad verdadera. Eso se enfoca en nosotros y en lo que buscamos obtener. 1 Corintios 10:31 dice: «Si, pues, coméis o bebéis, o hacéis otra cosa, hacedlo todo para la gloria de Dios». Por tanto, todo lo que hagas, cuando estás siendo bueno, hazlo para la gloria de Dios y no para tu gloria.

> **DETENTE**
>
> ¿Cuánta benignidad demuestras para tu gloria personal? ¿Qué obtienes de eso? ¿Qué vas a hacer al respecto?

> **JACKIE**
>
> Si soy completamente sincera, me gusta cuando todos los hermanos de la iglesia piensan que soy muy servicial, eso me hace sentir bien conmigo misma. Pero sé que estoy cambiando porque ahora lo haría incluso sin que nadie me estuviera mirando.

Habrá ocasiones en que la benignidad sea fácil y la practiquemos sin siquiera pensarlo, pero Dios nos llama a más que eso. Él nos llama a los actos de bondad sacrificiales, difíciles y aparentemente imposibles. Afortunadamente, Él envía al Espíritu Santo para producir esto en nuestras vidas. Así que no solo nos pide que mostremos esto, sino que también nos da todo lo que necesitamos para lograrlo. Si hay un solo acto de bondad que Dios nos está pidiendo que hagamos, que sencillamente nos parece imposible o demasiado complicado, entonces pidámosle ayuda a Él. Como aprendimos de la historia de Corrie, podemos pedirle a Dios que nos ayude, transforme, prepare nuestros corazones y nos dé la fortaleza para hacer lo imposible. Él nos ayudará.

PUNTO CLAVE

Experimentamos la benignidad de Dios por medio de nuestra salvación en Cristo, quien murió una muerte cruel por nosotros. Esta benignidad, por la fe, debe mostrarse en nuestras vidas mientras buscamos maneras de ayudar a personas necesitadas, sin importar quiénes sean y cuánta gratitud nos demuestren.

VERSÍCULO PARA MEMORIZAR

«Pero cuando se manifestó la bondad de Dios nuestro Salvador, y su amor para con los hombres, nos salvó, no por obras de justicia que nosotros hubiéramos hecho, sino por su misericordia, por el lavamiento de la regeneración y por la renovación en el Espíritu Santo, el cual derramó en nosotros abundantemente por Jesucristo nuestro Salvador» (Tito 3:4-6).

RESUMEN

La benignidad es algo que todos entendemos, pero que no siempre mostramos. Cuando somos amables esperamos que las personas sean agradecidas. La benignidad de Dios para con nosotros es diferente; no se ve afectada por cuán agradecidos somos. Su amabilidad se define por Su carácter. Esto es algo que vemos en la vida de Jesús y experimentamos nosotros mismos a través de la salvación en Él. Dios incluso muestra benignidad a Sus enemigos, algo que nosotros ni siquiera consideraríamos. Este es el tipo de amabilidad que debe reflejarse en nuestras vidas.

¿CUÁL ES EL PUNTO?

Los cristianos deben crecer en bondad.

CAPÍTULO 6

Somos creados para la bondad

*«Mas el fruto del Espíritu es amor, gozo, paz, paciencia, benignidad, **bondad**, fe, mansedumbre, templanza; contra tales cosas no hay ley»* (Gál. 5:22-23).

> **JACKIE**
> ¿Qué es la bondad? ¿Es solo alguien que es bueno?

Usamos la palabra *bueno* todo el tiempo.
   La película estuvo buena.
      Las zanahorias son buenas para la vista.
      Me siento bien conmigo misma.
      Ella es buena en fútbol.
   Él es un buen cocinero.

Decimos esta palabra muchas veces, ¿pero qué significa? ¿No acabamos de hablar de eso en el capítulo anterior? ¿Qué diferencia hay entre la benignidad y la bondad? ¿No son lo mismo? Si lo son, entonces, ¿por qué Pablo las enumera como cualidades distintas en Gálatas 5:22? Tiene que haber alguna diferencia o no se hubiera molestado en hacerlo. ¿O es la benignidad la exteriorización de ser bueno?

¿Existe alguna diferencia entre benignidad y bondad? Esta era mi pregunta del día de ayer; a esas alturas me dolía la cabeza así que decidí pedir algo de ayuda. Le pregunté a algunas personas, pero fue en vano: «Oh, tendría que pensarlo», fue la respuesta más común, incluso de los inteligentes. Luego nuestro ministro asociado mencionó de manera acertada que tratara de buscar en Google a Tim Keller porque él tiene una definición de cada fruto. ¡Genio!

> ***Agathosune*** **[la palabra griega usada en el Nuevo Testamento; se escribió originalmente en griego] = bondad, integridad; ser la misma persona en cada situación, en lugar de ser falso o hipócrita. No tiene nada que ver con ser franco de manera insensible, ni desahogarte solo para sentirte mejor o verte mejor.**[1]

Tener «integridad» significa ser una persona honesta con fuertes principios morales, alguien que no es hipócrita o falso. Ahora «bondad» esa es una palabra anticuada que no escuchamos que se use regularmente en estos días. En la actualidad, parece que todos aplastan y manchan la verdad a su conveniencia. Se ha vuelto tan normal mentir que es posible que ni siquiera nos demos cuenta de que lo estemos haciendo, y la verdadera honestidad parece un recuerdo lejano. De hecho, parece que ser honesto a veces nos pone en desventaja. Podríamos pensar que cada ámbito de la vida de alguna manera se basa en una mentira:

---

1. Tim Keller, *Galatians For You* [Gálatas para ti] (United Kingdom: The Good Book Company, 2013), p. 142, (versión para Kindle).

El súper emocionante estado de Facebook,
> la verdad que exageramos en nuestra presentación o currículo para conseguir el trabajo para el cual no estamos calificados,
>> robar al sistema solicitando las prestaciones de una madre soltera cuando tu hombre vive contigo, o solicitando las prestaciones de vivienda para el apartamento que estás subarrendando.
>
> Alegar que nuestro teléfono fue robado cuando en realidad lo vendimos a una casa de empeño por 200€,
incluso jurar por la tumba de nuestra abuelita cuando ella está viva.

A decir verdad, la lista es infinita y esa es la triste realidad.

Mientras escribo este capítulo, una de las dos principales noticias trata acerca de un abogado defensor de los derechos humanos que presentó falsas acusaciones de tortura y homicidio contra las tropas británicas. Él ha reconocido su mal comportamiento ante el tribunal, admitió nueve acusaciones de actuar sin integridad y con imprudencia y, sin embargo, negó ser deshonesto. ¿Cómo puede ser eso posible? La otra historia es el escándalo de dopaje de los atletas rusos, que sugiere una conspiración que llega hasta la cima del gobierno ruso.

«Pero sobre todo, hermanos míos, no juréis, ni por el cielo, ni por la tierra, ni por ningún otro juramento; sino que vuestro sí sea sí, y vuestro no sea no, para que no caigáis en condenación» (Sant. 5:12).

Con demasiada frecuencia, las personas fingen tener virtudes, moralidad y principios que realmente no poseen. Fingimos, pero nuestras acciones niegan nuestra profesión de fe. Incluso como cristianos no somos tan honestos. «Mi palabra es sagrada» es un lema que se ha usado durante siglos pero, como cristianos, a muchos de nosotros simplemente no se nos puede creer que mantendremos nuestra palabra, porque no vale nada y mucho menos es sagrada.

> **DETENTE**
>
> ¿Vives tu fe todos los días o eres un buen actor? ¿Qué dice tu vida acerca de la bondad del Señor?

ILUSTRACIÓN

Jackie viene a verte un lunes por la mañana después de llevar a los niños a la escuela. «Estoy enloqueciendo. Recibí una carta de los trabajadores sociales esta mañana, y quieren que vuelva a trabajar. ¡No estoy preparada! Saben que sufro de depresión y problemas en la espalda. ¿Cómo pueden esperar que trabaje cuando ni siquiera puedo terminar bien el día? ¿Qué pasa si confiscan mi dinero? ¿Qué voy a hacer?». Jackie te muestra la carta que declara que tiene una evaluación para regresar al trabajo la próxima semana. Está un poco más relajada luego de que le ofreces acompañarla a la cita.

Llega la fecha de la cita y mientras te estacionas en casa de Jackie, ella te saluda desde la ventana. Cuando sale de la casa, te das cuenta de que no solo no luce muy elegante, sino que además lleva una muleta de hospital bajo su brazo izquierdo y está cojeando. Parece que le cuesta mucho trabajo caminar. Cuando se deja caer en el asiento delantero, te mira y pone los ojos en blanco. «Mira, antes de que me digas algo, estuve hablando con algunas personas y me dijeron que realmente tengo que enfatizar mi enfermedad para que ellos la vean. No es como si estuviera mintiendo abiertamente, solo estoy exagerando un poco para que puedan ver cuánto me afecta. De hecho, los estoy ayudando a evaluarme mejor. Sabía que me ibas a criticar y que debería haber tomado un taxi. Es fácil para ti, pero no sabes lo difícil que es para mí».

> **DETENTE**
>
> Como cristiana, ¿qué debería hacer Jackie? ¿Cómo responderías si estuvieras en el auto?

> **JACKIE**
>
> Jackie en realidad escucha lo que tenías que decir en el auto ese día y decide ser honesta. «Todavía tengo un poco de miedo, confiar en Dios es difícil». La muleta se quedó contigo en el estacionamiento cuando entró para su evaluación.

La bondad de Dios nos muestra exactamente quién y cómo es Él; esto también debe mostrarse en nuestras vidas. Su bondad se compone de rectitud, justicia, misericordia y perdón.

> Sus obras son buenas,
> Sus mandamientos son buenos,
> Su Palabra es buena,
> Sus dádivas son buenas,
> Sus caminos son buenos,
> Él es recto y no le falta nada.
> Todo lo que hace es bueno.

«El le dijo: ¿Por qué me llamas bueno? Ninguno hay bueno sino uno: Dios. Mas si quieres entrar en la vida, guarda los mandamientos» (Mat. 19:17).

Entonces, ¿es posible para nosotros mostrar la bondad de Dios en nuestras vidas cuando es tan excepcional y extraordinaria? No importa cuánto lo intentemos, cuánto nos esforcemos, simplemente no podemos ser así de buenos, ¿verdad? Esta vez, seguramente, Dios espera lo imposible de nosotros.

«Pero cuando se manifestó la bondad de Dios nuestro Salvador, y su amor para con los hombres, nos salvó,

no por obras de justicia que nosotros hubiéramos hecho, sino por su misericordia, por el lavamiento de la regeneración y por la renovación en el Espíritu Santo, el cual derramó en nosotros abundantemente por Jesucristo nuestro Salvador, para que justificados por su gracia, viniésemos a ser herederos conforme a la esperanza de la vida eterna» (Tito 3:4-7).

> **DETENTE**
>
> ¿Por qué es posible para nosotros practicar el bien en nuestras vidas?

El evangelio nos permite mostrar la bondad de Dios en nuestras vidas cuando la expresamos a través de nuestra fe en acción. Afortunadamente, no tenemos que hacerlo en nuestras propias fuerzas; enfrentémoslo, de todos modos sería inútil. La mayoría de nosotros tenemos la fuerza de voluntad de un mosquito. Efesios 2:8-10 nos dice que Dios es quien hace esta obra en nuestras vidas, para que no podamos jactarnos de nuestra fuerza de voluntad ni capacidad. Pablo escribe: «Porque por gracia sois salvos por medio de la fe; y esto no de vosotros, pues es don de Dios; no por obras, para que nadie se gloríe. Porque somos hechura suya, creados en Cristo Jesús para buenas obras, las cuales Dios preparó de antemano para que anduviésemos en ellas».

Dios es quien nos transforma y hace esto posible. Esto no significa que nosotros simplemente debemos sentarnos de brazos cruzados sin hacer nada. El cambio del corazón realmente proviene de Dios. Él es quien nos transforma, pero Él espera que pongamos ese cambio en práctica.

«Por lo demás, hermanos, todo lo que es verdadero, todo lo honesto, todo lo justo, todo lo puro, todo lo amable, todo lo que es de buen nombre; si hay virtud alguna, si algo digno de alabanza, en esto pensad. Lo que aprendisteis

y recibisteis y oísteis y visteis en mí, **esto haced**; *y el Dios de paz estará con vosotros*» (Fil. 4:8-9).

En su libro *The Fruitful Life* [La vida fructífera], el autor Jerry Bridges dice:

Recuerda que la mayoría de las oportunidades para hacer el bien se encuentra en el trayecto ordinario de nuestro día. No busques lo espectacular; pocas personas tienen la oportunidad de sacar a una víctima de los escombros de un auto en llamas. Todos nosotros tenemos la oportunidad de impartir una palabra amable o de aliento, de hacer un pequeño acto, tal vez invisible, que haga más placentera la vida de otra persona.[2]

Jerry Bridges nos recuerda que no es solo en los momentos extraordinarios o incluso especiales de la vida que necesitamos mostrar la bondad de Dios, sino también en los momentos cotidianos, triviales, aburridos y ordinarios. La verdad es que probablemente nos resulta más fácil recordar usar nuestro cerebro y pensar en practicar la bondad cuando estamos en la iglesia, pero en el hogar puede ser diferente. En esos pequeños momentos cotidianos cuando estamos paseando por la vida con nuestra familia, nuestros cerebros a menudo están en un estado neutral; lo olvidamos, y todos los pensamientos de bondad salen por la ventana.

Pero las pequeñas cosas importan.

> **DETENTE**
> ¿Con quién te cuesta ser bondadoso y por qué?

---

2. Jerry Bridges, *The Fruitful Life* [La vida fructífera], (Colorado Springs, CO: NavPress, 2006), p. 127, (versión para Kindle).

Es en esos momentos, cuando luchamos contra cualquier motivo para practicar la bondad de Dios, que necesitamos hacer una pausa y tomar conciencia. Olvidamos con mucha facilidad quiénes somos y lo que hemos hecho. Dios conoce nuestros pensamientos más profundos y oscuros; Él conoce nuestro verdadero «yo», incluso las partes que no podemos admitir, y a pesar de todo, nos muestra Su bondad a través del evangelio. Ese es un regalo increíble, eso es la gracia, y debido a ello debemos hacer lo posible por practicar Su bondad, incluso hacia aquellos a quienes nos cuesta amar.

PUNTO CLAVE

Todo lo que Dios hace es bueno. La bondad de Dios se compone de Su rectitud, justicia, misericordia y perdón. Sus obras son buenas, Sus mandamientos son buenos, Su Palabra es buena, Sus dádivas son buenas, Sus caminos son buenos; Él es recto y no le falta nada.

VERSÍCULO PARA MEMORIZAR

«Ciertamente el bien y la misericordia me seguirán todos los días de mi vida, y en la casa de Jehová moraré por largos días» (Sal. 23:6).

RESUMEN

Aunque usamos la palabra *bueno* todo el tiempo, realmente nos cuesta apreciar lo que significa. Como cristianos, somos llamados a desarrollar más la bondad, lo cual significa vivir en integridad, ser honestos, y no ser hipócritas ni falsos. Todo lo que Dios hace es bueno. Su bondad nos muestra exactamente quién es Él y cómo es: recto, justo, misericordioso y perdonador. Esta es la bondad que debe reflejarse en nuestras vidas.

¿CUÁL ES EL PUNTO?

Los cristianos deben crecer en fidelidad.

CAPÍTULO 7

El amor hace que la fidelidad sea fácil, ¿cierto?

«Mas el fruto del Espíritu es amor, gozo, paz, paciencia, benignidad, bondad, fe [fidelidad], mansedumbre, templanza; contra tales cosas no hay ley» (Gál. 5:22-23).

En diciembre de 2015, Karam y Katari Chand de Bradford celebraron su nonagésimo aniversario de bodas. Eran oficialmente la pareja casada más longeva del mundo hasta que Karam murió al año siguiente. ¡Qué increíble historia! Fueron fieles el uno al otro durante noventa años, eso es casi un siglo. Esta clase de compromiso, lealtad y fidelidad es rara hoy en día. Todos los días hay historias regadas por todos los tabloides y revistas con titulares sensacionalistas de personas infieles atrapadas con las manos en la masa. Todos conocemos historias de familias que han sido destrozadas y destruidas por la infidelidad. Esto podría generar artículos sensacionalistas en los periódicos, pero la verdad detrás de esos encabezados sin duda sería devastadoramente dolorosa. Lamentablemente, los índices de divorcio están subiendo por las nubes, ya que las promesas de permanecer fieles hechas en el día de la boda se vuelven un recuerdo del pasado. La fidelidad parece ser algo opcional, cuando las personas van por su segundo o tercer matrimonio.

Aunque la Biblia Reina-Valera 1960 traduce la séptima cualidad del fruto del Espíritu como «fe», la Nueva Versión Internacional utiliza la palabra «fidelidad», la cual usaremos en este estudio. La Biblia llama a los cristianos a crecer en fidelidad. Así que, ¿qué significa realmente la fidelidad? La fidelidad significa ser completamente consistentes y fieles a nuestra palabra. La mayoría de nosotros tiene un mejor amigo, alguien que nos ha acompañado en las buenas y en las malas. Sabes que es completamente leal y mantiene su palabra. Puedes y le has confiado tu más profundo y velado secreto, y estás absolutamente seguro de que no ha dicho una sola palabra a nadie. De hecho, sabes que mantendría su palabra incluso si fuera costoso para él o ella porque lo ha hecho en el pasado. ¡Es un verdadero tesoro! Esta es la fidelidad de la cual estoy hablando, la fidelidad que es motivada por nuestros afectos y es 100% leal en mente y corazón.

Esto es a lo que somos llamados en nuestra relación con Dios. Se nos pide serle 100% fieles, así como Él es fiel a nosotros.

«Porque tú eres pueblo santo para Jehová tu Dios; Jehová tu Dios te ha escogido para serle un pueblo especial, más que todos los pueblos que están sobre la tierra» (Deut. 7:6).

Dios es completa y totalmente fiel. Él es siempre íntegro, totalmente digno de confianza, nunca cambia, absolutamente apegado a Su Palabra y completamente leal. Verás, forma parte de la naturaleza de Dios el ser fiel; así es como Él es.

«Él es la Roca, cuya obra es perfecta, porque todos sus caminos son rectitud; Dios de verdad, y sin ninguna iniquidad en él; es justo y recto» (Deut. 32:4).

Debido a la fidelidad de Dios para consigo mismo, Él es fiel a Su pueblo. Moisés dice en Deuteronomio 7:9 que Dios «guarda **el pacto y la misericordia a los que le aman**». Este pacto es un acuerdo vinculante entre dos partes, como un contrato, pero más importante. También es más personal, como lo que encontrarías en los votos matrimoniales. Pero hay una gran diferencia cuando Dios hace una promesa de pacto. A diferencia del contrato o los votos matrimoniales, este pacto es un acuerdo hecho entre partes *desiguales*. Después de todo, Él es DIOS. Cuando el Señor hace un pacto, Él fija la agenda, crea las reglas, no es negociable, y a diferencia de nosotros, Él siempre cumple Sus promesas. Su Palabra es tan sólida como una roca.

No se puede decir lo mismo de nosotros, ya que sin duda todos podemos dar testimonio de eso. Puede ser bastante común romper o incumplir una promesa. Siendo sincera, a veces actuamos como si no fuera un gran problema. Hacemos promesas todo el tiempo. Prometemos visitar a nuestra abuela, prometemos sacar a los niños, prometemos lavar los platos y nos prometemos que este será el último cigarrillo.

Rompemos promesas con frecuencia.

DETENTE

¿Cuándo fue la última vez que prometiste hacer algo? ¿Lo hiciste?

Cuando Dios hace un pacto con Su pueblo siempre lo cumple. Él es completamente confiable y mantiene Su Palabra.

Dios no cambia de parecer y nunca rompe una promesa.

JACKIE
¿Cómo puedo creer que eso es verdad?

«Dios no es hombre, para que mienta, ni hijo de hombre para que se arrepienta. Él dijo, ¿y no hará? Habló, ¿y no lo ejecutará?» (Núm. 23:19).

Dios hizo un pacto con Abraham (Gén. 12), prometió que convertiría su descendencia en una gran nación y la bendeciría, además de darles su propia tierra como herencia y hogar. Dios cumplió esa promesa. Pero Abraham debió haberse preguntado si Dios iba a ser fiel, porque Dios tardó décadas en cumplir Su Palabra. Abraham no tuvo a su hijo Isaac hasta que cumplió 100 años. Sin embargo, un solo hijo no es una nación, ¿cierto? Si dibujáramos el árbol familiar de Isaac, agregando a sus hijos y luego a sus nietos, y seguimos así, encontraremos que esta pequeña familia se convirtió en la nación de Israel. Dios fue absolutamente fiel a la promesa que le hizo a Abraham. Una y otra vez, a lo largo de toda la Biblia, vemos que Dios cumple Sus promesas.

«Habló todavía Dios a Moisés, y le dijo: Yo soy JEHOVÁ. Y aparecí a Abraham, a Isaac y a Jacob como Dios Omnipotente, mas en mi nombre JEHOVÁ no me di a conocer a ellos. También establecí mi pacto con ellos, de darles la tierra de Canaán, la tierra en que fueron forasteros, y en la cual habitaron. Asimismo yo he oído el gemido de los hijos de Israel, a quienes hacen servir los egipcios, y me he acordado de mi pacto. Por tanto, dirás a los hijos de Israel: Yo soy JEHOVÁ; y yo os sacaré de debajo de las tareas pesadas de Egipto, y os libraré de su servidumbre, y os redimiré con brazo extendido, y con juicios grandes» (Ex. 6:2-6).

Generaciones después de sus ancestros, Abraham e Isaac, el pueblo de Israel debió haber pensado que Dios era infiel. Estaban sufriendo, retenidos en cautiverio como esclavos en Egipto. Debieron haberse preguntado si Dios había roto Su palabra de bendecirlos y darles un hogar. Pero como vemos en Éxodo 6:2-6, Dios hizo una promesa y la iba a cumplir.

Podrías estar pensando: «De acuerdo, Sharon, qué buena clase de historia y mucho más corta que el *Príncipe de Egipto*, ¿pero qué tiene que ver eso conmigo hoy?». Tiene mucho que ver con nosotros hoy, porque como cristianos ahora somos parte de la misma promesa del pacto que Dios le hizo a Abraham a través de la sangre de Jesús. Somos Su pueblo. Él nos rescató y nos prometió una patria cristiana, ¡el cielo! Dios siempre cumple Sus promesas.

Él será fiel para con nosotros, y afortunadamente Su fidelidad no depende de nosotros; Él es fiel a pesar de nuestro

> pecado,
> debilidades
> y fracasos.

Aunque le somos infieles, Él permanece fiel a nosotros.

¡Eso no es una excusa para alocarnos y vivir como queramos, aprovechando cada pecado que podamos imaginar! En cambio, es la promesa de que incluso si fallamos y lo decepcionamos, Él permanecerá leal y fiel en lo que respecta a Sus promesas para nosotros. Él no cambia y es fidedigno. Podemos confiar en Él. Él es íntegro. Así que respaldaré eso preguntando cómo se aplica esto a nuestras vidas. Dios es **fiel** para con Su pueblo y nosotros debemos mostrar Su fidelidad en nuestras vidas. Necesitamos entender que cuando nos convertimos en cristianos, entramos en uno de estos pactos con Dios de los que hablamos anteriormente. Estamos en una relación con Él, y como hijos suyos somos llamados a serle leales y fieles.

Debemos ser un pueblo fiel.

> **DETENTE**
> ¿Cómo crees que se ve eso?

Ser leales y fieles al Señor significa que debemos ponerlo en primer lugar. Eso es más fácil decirlo que hacerlo. Vamos en pos de cosas, y las hacemos más importantes para nosotros que Dios mismo. La Biblia llama a esto ídolos. Decimos que estamos 100% comprometidos con Dios y luego cuando el próximo chico apuesto, la posibilidad de obtener algo de dinero extra o la oportunidad de divertirnos y disfrutar aparecen, dejamos de lado al Señor. Nos decimos a nosotros mismos que solo será un momento, nos engañamos y finalmente lo abandonamos. La Biblia usa palabras que podríamos considerar duras, pero nos llama rameras, diciendo que vamos prostituyéndonos por otras cosas.

Engañamos a Dios a diestra y siniestra.

¡Fuertes palabras, pero es la cruda realidad!

> **JACKIE**
> Después de que Frank la dejó, la mamá de Jackie la ayudó, pero no era lo mismo; la vida siendo madre soltera era dura. Jackie realmente se esforzó, pero sin importar cuánto deseaba que su relación funcionara, él se negaba, simplemente no podía perdonarla. Las cosas habían estado desmoronándose lentamente antes del juicio, pero ahora que es cristiana, él se ha vuelto aún más hostil. Ella sabe que lo que hizo estuvo mal, pero nada de lo que dice o hace parece arreglarlo. Ha dicho que lo lamenta un millón de veces, pero él nunca la perdonará... le fue difícil enfrentar la verdad. Al final, simplemente no tuvo más remedio que aceptar la realidad. Pero se sentía sola y lo extrañaba.

ILUSTRACIÓN

Jackie pasaba cada vez más tiempo en las redes sociales. Había retomado el contacto con una vieja amiga de la escuela quien, al enterarse de que Jackie estaba soltera de nuevo, le sugirió que intentara tener citas en línea. Jackie dudó al principio y se preguntó si, como cristiana, esto era correcto. ¿Cuáles son las reglas ahora? Pasó un rato sopesando la idea en su mente, bueno, cinco minutos para ser sincera. ¿Estaría Dios feliz con esto?

Cuanto más pensaba Jackie en eso, más empezaba a decirse: «¿Qué tengo que perder?». Así que se registró. Al principio solo era un mensaje ocasional a un chico. Realmente no había pasado mucho tiempo en su perfil, pero mientras más chateaba con personas por mensaje privado, más era el tiempo que pasaba en línea que con sus hijos. Pronto se volvió lo primero que hacía por la mañana, cada segundo libre que tenía y lo último que hacía por la noche. Las cosas se estaban poniendo tan mal que Jackie aumentó su plan telefónico para poder revisar sus mensajes todo el tiempo. Sin embargo, Jackie todavía no había aceptado salir en una cita, solo le gustaba chatear. «Es bueno tener la perspectiva masculina de una conversación», se decía a sí misma. Si era sincera, le gustaba coquetear. De vez en cuando las conversaciones se tornaban un poco sexuales, con comentarios insinuantes. Jackie realmente no creía que esto fuera un problema; después de todo, no era como si de verdad estuviera teniendo sexo. Se decía: «Es solo una fantasía». Cuando las chicas de la iglesia intentaban reunirse con ella, siempre estaba demasiado ocupada. Incluso faltó un domingo. Se quedó despierta hasta tarde enviando mensajes y terminó demasiado cansada para levantarse.

DETENTE

¿Quién o qué se ha vuelto más importante para Jackie que Dios?

No despertamos un día a veinte kilómetros de Dios ni nos distanciamos de la noche a la mañana. Como leímos en la historia de Jackie, el distanciamiento ocurrió poco a poco. Ella entregó su cariño a algo y alguien más. Allí en donde alguna vez Dios era importante para ella, el placer de ser amada por un chico se apoderó, se volvió lo que dirigía sus acciones. Nosotros somos llamados a ser fieles en nuestro afecto a Dios y a amarlo en primer lugar. No debemos ir tras ídolos, sino ser totalmente obedientes a Dios, un compromiso al 100% es lo que Él desea.

JACKIE

Después de haber sido verdaderamente confrontada por un sermón un día, Jackie se dio cuenta de que había sido muy necia, y cuando todo quedó en silencio oró y le pidió a Dios que la perdonara. Más tarde, cuando conversaba con su amiga Miriam, admitió lo mucho que de verdad extrañaba a Frank y lo sola que se sentía. «Sé que Dios es más importante para mí que cualquier hombre. Es solo que me resulta difícil recordar eso».

DETENTE

¿Quién o qué se ha vuelto más importante para ti que Dios? ¿Estás entregando tu cariño a algo o alguien más?

Jesús dice que debemos amar a Dios con todo nuestro corazón, con toda nuestra mente y con todas nuestras fuerzas (Mar. 12:30); es decir, con todo lo que tenemos y somos. Dios no es algo que podemos dejar de lado, algo que recogemos un domingo por la mañana y un miércoles por la noche, como una relación a medio tiempo. No, Él quiere toda tu vida.

«Y amarás al Señor tu Dios con todo tu corazón, y con toda tu alma, y con toda tu mente y con todas tus fuerzas. Este es el principal mandamiento» (Mar. 12:30).

No solo debemos ser fieles a Dios, también debemos ser fieles **unos a otros**. Debemos ser leales a nuestra palabra incluso cuando cuesta mucho y duele. En las cosas grandes y en las cosas pequeñas. Lucas 16:10: «**El que es fiel en lo muy poco, también en lo más es fiel; y el que en lo muy poco es injusto, también en lo más es injusto**».

La fidelidad nace en las cosas pequeñas de la vida mientras seguimos adelante; **es lo que hacemos cuando nadie nos ve.**

Es cómo manejamos las pequeñas cantidades de dinero que tenemos, cómo, sin importar cuán poco efectivo haya, seguimos dando para la obra de Dios, cómo decimos la verdad incluso en las cosas aparentemente incidentales de la vida, cómo silenciamos ese pequeño pensamiento inútil antes de que se convierta en uno gigantesco; Dios honra esta clase de fidelidad.

«Acontecerá que si oyeres atentamente la voz de Jehová tu Dios, para guardar y poner por obra todos sus mandamientos que yo te prescribo hoy, también Jehová tu Dios te exaltará sobre todas las naciones de la tierra» (Deut. 28:1).

> **DETENTE**
>
> ¿Qué crees que sucede cuando no **sientes** las bendiciones del Señor en tu vida?

Cuando desobedecemos y somos infieles hay consecuencias, tenemos que pagar los platos rotos, como diría mi madre. No nos gusta pensar en las consecuencias en el calor del momento, cuando nuestras mentes sopesan la sabiduría contra la necedad, o cuando queremos ir tras cosas pecaminosas.

88   Carácter

Pero no podemos esperar avanzar en nuestra vida cristiana si estamos desobedeciendo a Dios.

Simplemente no funciona así.

Piensa en ello: si un hombre engañara a su esposa reiteradas veces, ¿realmente esperaríamos que ellos tuvieran una relación saludable? ¿Creemos que ella confiará en él? ¿Se estarían comunicando bien? ¡Ni de broma! Sucede exactamente lo mismo con nuestra relación con Dios. **Cuando persistimos en el pecado y la desobediencia, nuestra relación con Dios no puede ser saludable, no seremos confiables, nuestra comunicación se irá por la borda.** Podemos mirar nuestras vidas y pensar que deberíamos estar más cerca de Dios. Tal vez, aunque hemos estado orando persistentemente, no nos sentimos cerca de Dios. Es posible que la razón sea que somos infieles. Debemos dejar de correr tras otras cosas.

«Si confesamos nuestros pecados, él es fiel y justo para perdonar nuestros pecados, y limpiarnos de toda maldad» (1 Jn. 1:19).

PUNTO CLAVE

Somos infieles a Dios cuando perseguimos y codiciamos los deseos de nuestros corazones. Debemos arrepentirnos, confesarlos y volver en fidelidad a Dios.

VERSÍCULO PARA MEMORIZAR

«Mantengamos firme, sin fluctuar, la profesión de nuestra esperanza, porque fiel es el que prometió» (Hech. 10:23).

Somos un pueblo infiel, pero Cristo nos sostendrá. ¡Por tanto, en respuesta, adorémosle fielmente con todo lo que tenemos! Mantengamos firme nuestra profesión. Amémosle más que a cualquier otra cosa. ¡Alabémosle con todo lo que tenemos, porque Él es digno!

RESUMEN

Muchos de nosotros simplemente no pensaríamos en serle infiel a alguien que amamos, sin embargo, somos desleales con Dios con mucha frecuencia. Dios es completa y totalmente fiel. Él es siempre íntegro, totalmente digno de confianza, nunca cambia, absolutamente apegado a Su Palabra y completamente leal a Su pueblo. En nuestra debilidad, Cristo nos perdona debido a Su fidelidad. ¡Qué consuelo! Él nos sostendrá hasta el final porque Él es fiel. No puede negarse a sí mismo (2 Tim. 2:13).

¿CUÁL ES EL PUNTO?

Los cristianos deben crecer en humildad.

CAPÍTULO 8

Ser humildes significa que solo somos débiles, ¿cierto?

🗝️ «*Mas el fruto del Espíritu es amor, gozo, paz, paciencia, benignidad, bondad, fe, **mansedumbre**, templanza; contra tales cosas no hay ley*» (Gál. 5:22-23).

Cuando era una joven cristiana, malinterpreté por completo el significado de la mansedumbre o humildad. Para nosotras, las mujeres, creía que significaba que todas teníamos que ser tímidas y quietas, ¿sabes a qué me refiero? Del tipo agradables y tranquilas, ¡mansas! Para los hombres, creía que la mansedumbre significaba ser un pusilánime que nunca se enfrentaba a nadie ni causaba problemas. Para mí era como la vainilla: débil, monótona y aburrida.

DETENTE

¿Cuál es la primera palabra que se te viene a la mente cuando te preguntan qué es la *mansedumbre*?

🗝️ «*Venid a mí todos los que estáis trabajados y cargados, y yo os haré descansar. Llevad mi yugo sobre vosotros, y aprended de mí, que soy manso y humilde de corazón; y hallaréis descanso para vuestras almas; porque mi yugo es fácil, y ligera mi carga*» (Mat. 11:28-30).

> **DETENTE**
> *¿Cómo describe a Jesús el Evangelio de Mateo?*

Sabemos que no hay manera de que Jesús, quien es Dios, pueda ser descrito como pusilánime, de la manera en que yo describí la humildad hace un momento. Simplemente no es verdad y Él nunca tuvo problemas para enfrentar a alguien. Una y otra vez, cuando era necesario, confrontó a los líderes religiosos y los reprendió justo en sus caras. Como en Mateo 23:13, cuando dijo: «¡Ay de ustedes, maestros de la ley y fariseos, hipócritas!». ¡Esta definitivamente no es la imagen de un debilucho! Así que, si tu descripción de la mansedumbre es bastante similar a mi versión de joven cristiana, necesitas reconsiderar lo que significa y el impacto que tiene en tu vida.

La mansedumbre o humildad tiene mucho más que ver con la fuerza bajo control, como refrenarse en beneficio de otra persona.

> **ILUSTRACIÓN**

La amiga de Jackie, Adele, había estado yendo al gimnasio durante un par de años. Una de sus clases favoritas era «Circuitos de boxeo». La clase pasaba por varias estaciones, cada una con una tarea diferente, como trabajar con cuerdas o ejercicios de equilibrio. Aunque tenía poco alcance, podía dar un buen puñetazo y era conocida por no contenerse. Había sacudido unas cuantas cabezas.

Esta semana Adele trajo consigo a Jackie. Ella había decidido dejarse llevar, y a decir verdad, si alguna vez alguien iba a fijarse en ella, tenía que recomponerse y hacer algo al respecto. Jackie estaba un poco nerviosa, ya que realmente nunca había hecho una clase así antes, pero Adele la ayudaría.

Las dos trabajaron en pareja los circuitos de boxeo. Cuando llegaron a la estación de combate, Jackie dijo: «Recuerda, soy una novata, no seas dura conmigo». Así que por primera vez, Adele contuvo sus golpes, tomando las cosas con calma y dándole a Jackie la oportunidad de trabajar en la técnica.

Pensemos en esta ilustración. Jackie le pide a Adele que «vaya despacio», que sea gentil. No estaba diciendo que Adele era una debilucha, le estaba pidiendo que refrenara su fuerza por su bien. Adele era totalmente capaz de atacarla, totalmente capaz de luchar, pero contuvo su fuerza por el bien de Jackie.

Es fácil para alguien de carácter fuerte usar su energía para obtener lo que quiere, imponerse y opacar a otro, pero esa no es la verdadera fuerza, ¿cierto? Eso solo es ser prepotente, duro, agresivo, tal vez incluso un poco intimidante. Existe la tentación para aquellos que son fuertes de declarar y excusar su comportamiento, simplemente diciendo: «Así soy yo». Pero como hemos estado descubriendo a lo largo de este libro, esa es una pobre excusa que no se sostiene. Sencillamente, no es lo suficientemente buena para hacer todo a un lado como si no fuera importante. Si a alguien le intimida, inquieta o asusta compartir su opinión frente a ti, entonces algo está mal.

Esa es la razón por la cual he estado evitando escribir este capítulo. Como alguien que tiene una personalidad fuerte y francamente directa, he pasado mucho tiempo reflexionando sobre el fruto de la humildad. Jerry Bridges en su libro *The Fruitful Life* [La vida fructífera] sugiere que esta no es una característica como el amor o la paciencia por la cual oramos, pero eso no sería cierto en mi caso. De hecho, creo que de todos los frutos que hemos discutido hasta ahora, he orado por la humildad más que por cualquier otro de los frutos. Soy muy consciente de quién soy, así como de mis fortalezas y debilidades.

De joven cristiana, pensaba que tenía que conformarme y ser como los que me rodeaban. Me contuve tanto que me volví «vainilla», una vieja sombra de mí misma. Me entristeció, fue devastadoramente doloroso. Era una pieza cuadrada tratando de encajar en un agujero circular. En nada aprovecha pensar así, y si estás leyendo esto pensando: «Pues así es exactamente como me siento. Estoy cansado de fingir ser alguien que no soy», entonces detente.

> No es útil ni honesto.
> Hemos sido admirable y maravillosamente creados por Dios para Su propósito.
> Él sabe lo que hace.

«Pero por la gracia de Dios soy lo que soy; y su gracia no ha sido en vano para conmigo, antes he trabajado más que todos ellos; pero no yo, sino la gracia de Dios conmigo» (1 Cor. 15:10).

«Te alabaré; porque formidables, maravillosas son tus obras; Estoy maravillado, Y mi alma lo sabe muy bien» (Sal. 139:14).

Me encanta específicamente lo que Pablo enfatiza acerca de su carácter en 1 Corintios 15:10: «Pero por la gracia de Dios soy lo que soy; y su gracia no ha sido en vano para conmigo, antes he trabajado más que todos ellos; pero no yo, sino la gracia de Dios conmigo». Nos recuerda que, no importa lo que pase, la gracia de Dios nos impacta, así que no podemos excusar nuestro comportamiento pecaminoso solo porque tenemos cierto tipo de personalidad. Constantemente a lo largo del Nuevo Testamento, encontramos muchos versículos que hablan acerca de la humildad y la mansedumbre, enfatizando que es algo que debemos procurar.

Gálatas 5 es claro: la humildad es una característica de Dios y debemos mostrar eso en nuestras vidas, todos nosotros.

No solo el molesto, el enojado, el pendenciero, el escandaloso, el apasionado, el extrovertido, el duro, el directo, el intimidante, el franco, sino TODOS nosotros. Este no es un fruto para un solo tipo de cristiano, sino para todos los cristianos.

> **DETENTE**
>
> ¿Con quién te resulta más difícil ser humilde y por qué?

> **ILUSTRACIÓN**

Estando de pie a las afueras del funeral de Mary, Nan y Jackie conversaban: «Tuvo una buena despedida hoy», dijo Jackie. Nan la miró y se detuvo un segundo antes de agregar: «Ese ministro que dirigió el servicio era un poco raro, ¿no te parece?; y las flores, ¿qué estaban pensando? No es necesario tener todas esas flores; solo se desperdician. No sé en qué pensaban, no es como si Mary en realidad pudiera verlas. Debieron haber gastado una fortuna. Un completo desperdicio de dinero. ¿Qué es lo que dicen cuando alguien intenta compensar de forma desmedida algo? Eso es lo que pasó. Debieron haberle prestado más atención mientras vivía...». Antes de que Nan tuviera la oportunidad de continuar, Jackie la hizo callar. «¡Nan! La gente te va a oír. No eres exactamente discreta, ¿cierto?». Nan, enojada por haber sido detenida a mitad de su crítica, frunció el ceño.

Nan podría haber dado en el clavo o podría ser una vieja bruja que necesita arrepentirse y guardarse sus opiniones. Sea esto verdad o no, está hablando sin pensar en sus oyentes. No está siendo precisamente el mejor ejemplo de humildad. Los cristianos mansos no solo se contendrán por el bien de otros, también respetarán las opiniones y los sentimientos de los demás. Serán considerados, usarán sus cerebros antes hablar, pensarán no solo en la veracidad de sus palabras, sino también en la manera de expresarlas. Los cristianos humildes dicen la verdad, pero no sin considerar cómo será oída y recibida. No sienten la necesidad de denigrar, humillar o chismear de otro cristiano que ha caído en pecado; en cambio, se entristecen, lloran y oran por su arrepentimiento (comp. Gál. 6:1).

«Vestíos, pues, como escogidos de Dios, santos y amados, de entrañable misericordia, de benignidad, de humildad, de mansedumbre, de paciencia» (Col. 3:12).

Somos el pueblo de Dios, Sus representantes, y debemos vestirnos de humildad. Al igual que con los capítulos anteriores, debemos examinar con honestidad la forma en la cual hablamos y lidiamos con las personas. No basta solo con reconocerlo y admitirlo, debemos arrepentirnos y acudir a Dios por ayuda. Debemos cultivar la humildad; debemos pedirle al Señor la ayuda para desarrollar en nosotros un espíritu de mansedumbre.

DETENTE

En la escala del 0 al 10, ¿cómo te calificarías?
a. Por lo general, puedo notar cuando alguien no está actuando normal.
b. Puedo ser sensible a los sentimientos de otras personas.
c. Intimido y asusto a la gente.
d. Soy abiertamente crítico con otras personas.
e. Me enorgullezco de decir las cosas como son, sin importar quién esté escuchando.
f. Les hablo a todos con respeto.
g. Solo les hablo respetuosamente a quienes se lo han ganado.
h. Soy directo y áspero.
i. Escucho razones.

j. Siempre comparto mi punto de vista y nunca me retracto.
k. Puedo ser resentido con las personas que se me oponen.

DETENTE

¿Qué aspectos de la humildad te gustaría desarrollar en ti?

PUNTO CLAVE

La humildad es una cualidad que implica que constantemente esté pensando: ¿Cómo puedo usar mis fortalezas y habilidades para servir a otros?

VERSÍCULO PARA MEMORIZAR

«Sino santificad a Dios el Señor en vuestros corazones, y estad siempre preparados para presentar defensa con mansedumbre y reverencia ante todo el que os demande razón de la esperanza que hay en vosotros» (1 Ped. 3:15).

RESUMEN

Nuestras mentes retorcidas pueden pensar que la humildad es solo otra palabra para debilidad. La mansedumbre tiene mucho más que ver con la fuerza bajo control, como refrenarnos por el bien de otra persona o ser considerados y respetuosos con lo que decimos y pensar en la manera como se escucha. Nuestro Dios todopoderoso no es agresivo, presuntuoso ni prepotente. Él es manso con nosotros y debemos imitar Su humildad en la forma en que nos cuidamos unos a otros.

¿CUÁL ES EL PUNTO?

Los cristianos deben crecer en dominio propio.

CAPÍTULO 9

Hacer lo que es necesario incluso cuando no quieres: Dominio propio

*«Mas el fruto del Espíritu es amor, gozo, paz, paciencia, benignidad, bondad, fe, mansedumbre, **templanza [dominio propio]**; contra tales cosas no hay ley»* (Gál. 5:22-23).

La palabra griega que se traduce como «templanza» también puede ser traducida como «dominio propio». Comer un helado de Ben & Jerry's mientras escribo un capítulo acerca del dominio propio es una ironía difícil de ignorar. Al escribir esto, faltan tan solo dos semanas para la Navidad, y ya tuve una cena navideña. La próxima semana, tendré tres. Nos decimos a nosotros mismos la mentira de que en enero seremos extra buenos, y así nos permitimos disfrutar todas las indulgencias festivas y los deliciosos banquetes. Sin pensar en las básculas, nos sentamos en el sofá con una cubeta de chocolates y vemos *La novicia rebelde* (*Sonrisas y lágrimas*) por enésima vez, llenando completamente nuestras bocas. La regla de «solo uno más» prevalece, aunque sabemos que «solo uno más» alimenta el deseo de tener otro más.

Pero la Navidad no es la única época en la que nos hace falta el dominio propio. Solo tenemos que ver a un niño en una tienda de dulces o juguetes mientras exige tener todo lo que ve, seguido de una gran rabieta cuando se le dice que no. Imagina que no hubiera consecuencias y que no existiera la palabra «NO», que hubiera rienda suelta para hacer y consumir lo que sea que nos guste sin límites. Por una milésima de segundo suena como que podría ser un buen plan, pero luego lo consideramos mejor. Un niño podría comer todos los dulces que quiera, un alcohólico podría beber tanto como quisiera, el farmacodependiente podría simplemente seguir consumiendo su droga, la chica con la tarjeta de crédito podría comprar todo a su paso y alguien podría pasar todo su tiempo viendo pornografía mientras que su gusto se vuelve cada vez más oscuro. Un mundo sin restricciones sería un caos, todo el mundo haciendo lo que le plazca, sin importar el costo.

«No negué a mis ojos ninguna cosa que desearan, ni aparté mi corazón de placer alguno, porque mi corazón gozó de todo mi trabajo; y esta fue mi parte de toda mi faena» (Ecl. 2:10).

«En estos días no había rey en Israel; cada uno hacía lo que bien le parecía» (Jue. 21:25).

> **DETENTE**
>
> Piensa en Efesios 4:19. ¿Cuál dice que es el costo de vivir una vida sin control? ¿Cuáles crees que serían las ventajas y las desventajas de vivir una vida sin restricciones?

La falta de dominio propio siempre tiene un costo; ya sean los kilos de más que ganamos, las caries dentales o, al final de la lista, la drogadicción o la cirrosis hepática. Ed Welch, en un artículo sobre el dominio propio, afirma algo interesante cuando dice: «Es verdad que muchos adictos, cuando sus adicciones privadas son expuestas, experimentan dolor, pero el dolor proviene más frecuentemente como resultado de ser atrapados que de un disgusto por las sustancias adictivas en sí».[1] Vivir sin límites tiene su precio, ya sea que lo admitamos o no. Pero como Ed Welch señala, aquellos a los que solo les preocupa el dolor que resulta de ser atrapados y expuestos, están muy ajenos al verdadero precio de sus acciones, un alto costo que puede ser pagado por sus familiares y no por ellos. Es poco probable que la mamá drogadicta admita que ama más a sus drogas que a sus hijos, pero cuando ellos van a buscar comida y la despensa está vacía, la verdad es evidente. Oh, es posible que se sienta mal, tal vez incluso se sienta devastada por haberlos decepcionado otra vez, pero no lo suficiente para renunciar a su primer amor: las drogas. «La verdad, sin embargo, es que, sin importar cuán trágicas son las consecuencias del pecado, hay algo de placer en ello».[2]

Casi siempre subestimamos el pecado y la atracción que tiene sobre nosotros. El pecado es llamativo y placentero; bueno, al menos lo es al principio. Hebreos 11:25 dice que los deleites del pecado son pasajeros.

Puede ser placentero, pero el placer es temporal.

Nos creemos la mentira de que después de solo una vez más estaremos satisfechos. En realidad, todo lo que sucede es que alimentes el deseo por «más». El pecado nunca satisface, siempre nos deja queriendo más. Efesios 4:19 dice: «Han perdido toda vergüenza, se han

---

1. Ed Welch, *"Self-Control: The Battle Against 'One More'"* [Autocontrol: La batalla contra "uno más"], *The Journal of Biblical Counseling*, volumen 1, número 2 (invierno de 2001), p. 25.

2. Ibid.

entregado a la inmoralidad, y no se sacian de cometer toda clase de actos indecentes» (NVI).

**Nunca estamos satisfechos.
Al final, lo que estamos diciendo es que Dios no es suficiente para nosotros.**

> **DETENTE**
>
> ¿Hay algo en tu vida que crees que podría haberse convertido en un ídolo? ¿Hay algo más importante para ti que Dios?

El **dominio propio** significa vivir dentro de los límites de Dios que Él ha establecido para nuestro bien, protección y bienestar, y vivir para Su gloria.

ILUSTRACIÓN

Jackie lleva al pequeño Frankie a visitar a su vieja tía Mona un día. Jackie ama a su tía Mona incluso si aún vive en la Edad Media, todavía conserva la anticuada chimenea de carbón y la vieja caldera en la habitación que da a la calle. Imagina la escena. Al pequeño Frankie le encanta el fuego. Desde la primera vez que lo vio quedó hipnotizado por el baile de las llamas. Sabe que no debe tocarlo, pero hoy no pudo resistirse. Lentamente, estira su mano gordita y pequeña para tocarlo. «¡Frankie, NO, quema, quema!», dice Jackie. El pequeño Frankie retira su mano rápidamente, triste por no poder jugar con el fuego resplandeciente. El pequeño Frankie espera tanto como puede. Fascinado por las llamas, lo intenta de nuevo. «¡Frankie, dije que NO!», dice Jackie, mucho más firme esta vez. Todos sabemos a dónde va esto. Es la ilustración más simple, pero efectiva. El pequeño Frankie está completamente consciente de que no se le permite tocar el fuego. Sin darse cuenta de que los límites están allí para su protección y seguridad, él simplemente, en su mente de niño desafiante, piensa que mamá está siendo mala, privándole de su nuevo deleite. Solo cuando sucede lo inevitable y sus deditos se queman, aprende la lección de vivir dentro de los límites que Jackie establece.

> **JACKIE**
> Me alegra que Mona haya estado allí para curar sus dedos. Yo me hice pedazos. A Frank tampoco le agradó nada que el pequeñito se haya lastimado, pero estoy aprendiendo a no responder a sus indirectas todo el tiempo. No creo que Frank sepa qué hacer conmigo ahora que no estoy gritando en su cara todo el tiempo.

¿Recuerdas cuando eras niño ver a los albañiles poner cemento fresco? Era maravillosamente liso, y aunque sabías que no debías, tenías que poner la huella de tu mano, dejándola allí para la posteridad. O cuando estás en el parque y la señal dice: «PROHIBIDO CAMINAR SOBRE EL CÉSPED», pero es la ruta más corta y todos los demás lo hacen.

> Si hay una línea dibujada en la arena, la tentación para todos nosotros es caminar sobre ella.
> Nos resistimos a los límites y pensamos que cualquier cosa que se parezca a una regla es solo una sugerencia.

Vemos los límites como una especie de castigo maligno o retención de nuestros derechos, y de alguna forma nos convencemos a nosotros mismos de que son una violación a nuestra libertad personal. Incluso cuando sabemos que es para nuestra protección y bien, la tentación está allí para complacernos. Básicamente, **los límites generalmente nos impiden obtener algo que queremos**, que creemos que necesitamos, y por lo tanto, que debemos tener, lo cual significa que los límites *deben* ser malos.

«Como ciudad sin defensa y sin murallas es quien no sabe dominarse» (Prov. 25:28, NVI).

La muralla de una ciudad protege a las personas que viven dentro, manteniéndolas a salvo y seguras. Pero una muralla derrumbada es igual de útil que un cortafuegos de chocolate.

> Lo mismo sucede con el dominio propio.
> Es por nuestro bien y protección.

Puede significar que tenemos que pensar antes de actuar, resistir la tentación y usar nuestros cerebros, pero lo necesitamos. El maligno nos mentirá, tejiendo un hilo de engaño. Intentará convencernos de que el pecado que estamos a punto de consentir en realidad no es tan malo, puede justificarse fácilmente y no es nuestra culpa. Tratará de llenar nuestras mentes de dudas, implicando que Dios no tiene nuestro mejor interés en mente y que no sabe lo que es mejor para nosotros. Aprovechará cada oportunidad para llevarnos a adorar a la creación en lugar de adorar al Creador. ¡El problema es que nosotros podemos ser nuestro peor enemigo! Vemos esto en el libro de Santiago, cuando dice:

«Que nadie, al ser tentado, diga: "Es Dios quien me tienta". Porque Dios no puede ser tentado por el mal, ni tampoco tienta él a nadie. Todo lo contrario, cada uno es tentado cuando sus propios malos deseos lo arrastran y seducen. Luego, cuando el deseo ha concebido, engendra el pecado; y el pecado, una vez que ha sido consumado, da a luz la muerte» (Sant. 1:13-15, NVI).

Santiago no se anda con rodeos cuando dice que nuestros malos deseos son los que conciben y engendran al pecado. Cuando no practicamos el autocontrol o el dominio propio, y nos enredamos en la lujuria de nuestros corazones con cualquier cosa, nos vendemos y entregamos sin reservas a algo fuera de Dios. Amamos algo más que al Señor y lo adoramos en su lugar. Y como verás, las consecuencias son graves.

Jerry Bridges tenía toda la razón cuando dijo: «Las tentaciones externas no serían tan peligrosas si no fuera por el hecho de que encuentran un aliado para su deseo justo dentro de nuestro propio pecho».[3]

> **DETENTE**
>
> ¿Qué crees que Jerry Bridges está diciendo y cómo ves que eso se manifiesta en tu vida?

«Por tanto, amados míos, huid de la idolatría» (1 Cor. 10:14).

«Huid de la fornicación. Cualquier otro pecado que el hombre cometa, está fuera del cuerpo; mas el que fornica, contra su propio cuerpo peca» (1 Cor. 6:18).

La Biblia es clara: los ídolos son peligrosos y debemos HUIR de ellos, ¡tenemos que escapar! El problema es que, huimos de aquello que debemos perseguir y perseguimos aquello de lo que debemos huir. Lucas es muy claro en Lucas 9:23: «Y decía a todos: Si alguno quiere venir en pos de mí, niéguese a sí mismo, tome su cruz cada día, y sígame».

Si somos seguidores de Cristo, Sus discípulos, entonces debemos negarnos a nosotros mismos y ser obedientes. Entiendo que no es tan fácil como parece. Si lo fuera, entonces la campaña antidroga «Just Say No» (Solo di que no) de los años 80 en Gran Bretaña habría sido un gran éxito y no habríamos tenido que escuchar la horrible canción durante todos esos largos años. Si fuera así de simple, entonces todos seríamos capaces de alejarnos fácilmente de la tentación.

---

3. Jerry Bridges, *The Fruitful Life* [La vida fructífera], p. 154, (versión para Kindle).

No miraríamos el pastel de nata dos veces,

> escogeríamos la comida antes que las drogas cualquier día de la semana,
> resistiríamos la tentación de chismear,
> evitaríamos «accidentalmente a propósito» encender el canal para adultos
> y todas las palabras que salieran de nuestra boca serían para edificarnos mutuamente.

Necesitamos ayuda. Necesitamos pelear la batalla contra «el viejo yo» y depender totalmente de Cristo.

> **DETENTE**
>
> ¿Entonces cómo lo hacemos? ¿Cómo practicamos el dominio propio?

Recientemente, estaba escuchando un sermón acerca de este tema de un joven llamado Alistair Begg, y él lo explica algo así: «La libertad no es la independencia para hacer lo que nos gusta, sino la disposición para hacer lo que es correcto».[4] Afortunadamente, no estamos solos en esto.

Dios, a través de Su Espíritu Santo, coloca el deseo en nuestros corazones.

El dominio propio es posible por la gracia que nos fue dada en Jesucristo, y necesitamos depender de Él.

Necesitamos la gracia de Dios. Ed Welch dice: «Solo la gracia de Dios quita el dominio propio del reino de la

---

4. Alistair Begg, serie *"The Fruit of the Spirit"*, n.º 9: *Self Control* [serie "El fruto del Espíritu", n.º 9: Autocontrol]. <https://www.truthforlife.org/resources/series/fruit-of-the-spirit/> Último acceso: abril de 2019.

auto regeneración inútil, y lo lleva al de la gran confianza de que seremos personas transformadas».[5]

> **JACKIE**
>
> ¿Es diferente la batalla por el dominio propio para todos?

Todos luchamos y florecemos en diferentes áreas y todos tenemos fortalezas y debilidades distintas. Algunos de nosotros vamos por la vida simplemente cambiando un ídolo por otro, sin nunca admitir por completo la verdad ni reconocer nuestra necesidad de depender de Cristo. Tenemos que ser sinceros con nosotros mismos y con Dios. Proverbios 27:12 dice: «El avisado ve el mal y se esconde; Mas los simples pasan y llevan el daño». Sabemos que debemos ser honestos y reconocer los peligros que hay en nosotros, evaluar nuestra necesidad espiritual y refugiarnos en Cristo. Necesitamos admitirlo, asumir la responsabilidad, acudir al Dios de misericordia en arrepentimiento y oración, rendirnos ante la autoridad que Él tiene en nuestras vidas y vivir obedientemente dentro de Sus límites.

> **DETENTE**
>
> ¿Qué pensamientos pecaminosos te han hostigado esta semana? (Lujuria, resentimiento, ira, egoísmo, autocompasión, etc.).

La batalla por el dominio propio se pelea principalmente en nuestras mentes.

Lo que empieza como un pequeño pensamiento, al estar sin control, puede rápidamente convertirse en una bola de nieve de pecado. Es como si nuestra mente

---

5. Ed Welch, *"Self-Control: The Battle Against 'One More'"*, p. 30.

estuviese hecha para la tentación que más nos hace perder el control. Tenemos que orar por fortaleza para «[llevar] cautivo todo pensamiento a la obediencia a Cristo». (2 Cor. 10:5), frenar el deseo mientras sea una pequeña brasa y dejar de alimentarlo para que no se convierta en una llama ardiente. **Si estás luchando con el dominio propio, habla con un creyente maduro y pídele que ore por ti y te haga rendir cuentas.** Te ayudará a reflexionar sobre tus patrones y acciones, no para recriminarte, sino para ayudarte a estar preparado para la siguiente batalla, porque viene. Más vale prevenir que lamentar; conocer con anterioridad los posibles peligros y problemas te da una ventaja táctica. Nos ayuda a prepararnos, permanecer firmes y estar listos para huir al primer indicio de una tentación. Así es como se ve el dominio propio.

PUNTO CLAVE

El dominio propio significa que vivimos dentro de los límites de Dios y nos sometemos obedientemente al control de Cristo.

 «Sobre toda cosa guardada, guarda tu corazón; porque de él mana la vida» (Prov. 4:23).

JACKIE

Cuando pienso en tener dominio propio, sé que no es algo innato. Mi reacción natural es responder instintivamente y desquitarme con algún comentario sarcástico e hiriente. Lo confieso y oro para que Jesús me cambie porque no puedo hacerlo por mi cuenta, es demasiado difícil. Pero sé que no soy la misma persona que era el día en que me convertí en cristiana. Estoy creciendo lentamente y cambiando, y estoy dejando perplejo a todo el mundo, especialmente a Frank y a los niños. Sé que ellos ven la diferencia y no pueden explicarlo. Sé que están interesados en secreto y prestan atención. Incluso ya me han hecho alguna pregunta o dos.

Al igual que Jackie, como cristiano, no solo debes hablar por hablar, debes pasar del dicho al hecho con la ayuda del Señor. Debemos hacer más que confesarnos a Cristo con nuestras palabras; debemos ser transformados por Él. Él debe ser evidente en nuestras vidas, y si lo es, veremos los frutos del Espíritu. El crecimiento y el cambio pueden ser lentos, pero como cristiano deberías parecerte más a Cristo cada día. Si no hay evidencia de Dios en tu vida, entonces yo cuestionaría seriamente tu salvación.

DETENTE

¿Estoy creciendo en el Espíritu?

«Yo amo a los que me aman, y me hallan los que temprano me buscan. Las riquezas y la honra están conmigo; riquezas duraderas, y justicia. Mejor es mi fruto que el oro, y que el oro refinado; y mi rédito mejor que la plata escogida. Por vereda de justicia guiaré, por en medio de sendas de juicio, para hacer que los que me aman tengan su heredad, y que yo llene sus tesoros» (Prov. 8:17-21).

Cuando luches, cuando fracases, cuando caigas... corre a Dios. Arrepiéntete, aférrate a Él y sigue adelante.

PUNTO CLAVE

El dominio propio significa que debemos vivir dentro de los límites de Dios. Límites que Él ha establecido para nuestro bien, protección, bienestar y para Su gloria.

VERSÍCULO PARA MEMORIZAR

«En cambio, el fruto del Espíritu es amor, alegría, paz, paciencia, amabilidad, bondad, fidelidad, humildad y dominio propio. No hay ley que condene estas cosas» (Gál. 5:22-23, NVI).

RESUMEN

Subestimamos el pecado y la atracción que tiene sobre nosotros. El pecado es llamativo y placentero (al principio), pero tal placer nunca dura. Nos engañamos a nosotros mismos diciendo: «Solo una vez más y estaré satisfecho». Lo único que sucede es que alimentamos el deseo y luego queremos más. El pecado nunca se satisface, siempre nos deja queriendo más. Cuando pecamos en realidad estamos diciendo que Dios no es suficiente para nosotros. Como cristianos, debemos vivir dentro de los límites que Dios nos ha dado. Están allí para nuestro bien, protección, bienestar y para Su gloria.

Conclusión

Cuando nos convertimos en cristianos, realmente cambiamos y crecemos a medida que nos volvemos más parecidos a Jesús. No es como si nos convirtiéramos en una especie de robot con lavado de cerebro que de repente no es ni una sombra de lo que solía ser, ya sabes, la versión «vainilla insípida». Sin embargo, mientras crecemos para conocer más a Jesús, mientras el Espíritu Santo trabaja en nuestras vidas y Dios desafía nuestro razonamiento y comportamiento, los cuales son poco fiables, somos transformados y crecemos.

Si no estamos cambiando y creciendo, aunque sea a paso de tortuga, entonces algo anda mal. Me atrevería a preguntar si tal persona ha sido verdaderamente salva. ¿Es un cristiano verdadero o un cristiano falso? Como cristianos, debemos estar creciendo continuamente a la semejanza de Cristo. Esto incluye a Jackie. Es posible que pueda fingir durante cinco minutos, pero día a día, año tras año, en los momentos buenos y los malos, mientras continúa creciendo, la evidencia de la obra de Dios en su vida será difícil de negar para cualquiera, incluso para Frank. Así que, si la evidencia está a simple vista, ¿qué dice de nosotros:

«cristiano verdadero o cristiano falso»?